大澤健次
Osawa Kenji

幕末動乱
長州のゆくえ
その時の流れ

ロゼッタストーン

まえがき

歴史は時の流れというけれど、穏やかな時の流れもあれば、幕末動乱の激しい流れに生きたさまざまな人生もある。

そんな中でも特に長州藩の流れはすさまじいものであった。それをわかりやすく時の流れに添って整理してみた。

当時長州藩では幕府に背くまいとする保守的な「俗論派」と、尊王攘夷を唱える改革的な「正義派」が互いに藩の主導権を競っていた。この本は、多くの命を失いながら、藩主・毛利敬親公の苦悩と共に藩の下級武士や庶民が立ち上がった「幕末動乱長州のゆくえ」がテーマである。維新への発火点となったのは松下村塾だ。私自身も松陰先生の門下生となり、塾生らと共に学び、時の流れを再確認できたならとの思いで執筆に取り組んだ。

列強の艦隊が出入りする西日本の海上と、そうでない東北地方では、自ずと危機意識の対応が異なっていた。新政府軍と奥羽越列藩同盟との戦い、箱館戦争を経て一連の戊辰戦争が終わる。明治新政府樹立後も、長州の志士たちは、久坂玄瑞や高杉晋作など松陰門下生の遺志を継ぎ、短期間で列強に肩を並べようと日本を中央集権国家にすべく尽くし駆け抜けた。この維新の原動力を探ってみたいと思う。

維新のパワーはその後も引き継がれている。山口県では初の総理大臣・伊藤博文に続き、山県有朋、桂太郎、寺内正毅、田中義一、戦後も岸信介・佐藤栄作兄弟、そして戦後最年少で総理となり、通算の在職日数歴代最長の総理を務めた安倍晋三氏と、多くの首相が輩出し、日本の舵取りを担ってきた。

が、いかなる理由があるにせよ、安倍元首相が初代総理・伊藤博文同様銃弾に倒れ命を落とされるとは、驚きと悲しみで無力感が漂うばかりである。

◎文中の年齢は数え年（生まれた時を1歳とし、新しい年になるごとに加算）で統一しました。また、年次は西暦で表記し、（ ）内に和暦を表記しました。
◎1872年（明治5）の改暦以前は、西暦と和暦で月日に1ヶ月程度のずれがありますが、西暦換算は行わず、和暦の月日のまま記載しています。
◎各年号の最終年は新年号の元年と同じになります。月日が確認できない出来事もあるため、改元の年は新年号に統一しました。ただし、慶応4年と明治元年は区別しています。
◎何度も改名を繰り返している人物もいますが、混乱を避けるため、極力有名な名前に統一しています。

【目次】

まえがき　2

第1章　幕末動乱の流れ

幕末までの毛利　12
東アジアの情勢　15
長州藩の経済力と近代欧州　17
幕府の弱体化と蛮社の獄　19
【1841】天保の改革と長州の藩政改革　21
【1853】ペリー来航と国防　24
【1854】吉田松陰密航と捕縛　27
伝馬町牢から野山獄へ　29
【1854〜55】野山獄の生活　31

【1857】松下村塾の誕生とその教え　33
【1858】日米修好通商条約　36
将軍継嗣問題の対立　38
【1858～59】安政の大獄　41
【1860】桜田門外の変　47
遣米使節団と長州藩の軍事改革　49
公武合体と尊王攘夷論　51
【1862】寺田屋事件と文久の改革　54
生麦事件と公使館焼き討ち　57
【1863】外国船砲撃と奇兵隊　59
薩英戦争と政局の動向　63
八月十八日の政変　65
【1864】池田屋事件　68
禁門〈蛤御門〉の変　71
第一次長州征討と馬関戦争　75

馬関戦争の処理　77
【1864】高杉晋作・功山寺挙兵　81
【1866】西洋軍制導入と薩長同盟　85
第二次長州征討（四境戦争）　89
【1867】討幕の密勅と大政奉還　95
龍馬暗殺と覇権争い　98
【1868】戊辰戦争（鳥羽・伏見の戦い）　100
甲州勝沼戦（新政府VS新選組）　102
江戸城無血開城と彰義隊　104
奥羽・北越両面戦争　106
会津藩の苦悩　110
会津若松城下の悲戦　112
榎本の江戸脱走と東京遷都　116
【1869】戊辰戦争最後の箱館　118
新政府樹立と幕藩の解体　122

奇兵隊のその後と中央集権化 125
【1871】廃藩置県・山口県の誕生 129
揺れる外交政策と反乱 131
【1876】前原一誠・萩の乱 134
近代化を急ぐ明治政府 137

第2章　幕末長州の立役者たち

長州藩を分けた派閥争い――その対立の構図と抗争過程 142
1. 毛利敬親〈長州藩13代藩主〉 146
2. 村田清風〈藩の財政再建政策主導者〉 148
3. 周布政之助〈公武合体から尊王攘夷へ重要人物〉 150
4. 玉木文之進〈吉田松陰の伯父、松下村塾の創立者〉 152
5. 広沢真臣〈正義派寄りの中間派〉 154
6. 坪井九右衛門〈清風の改革に尽力するも保守的〉 156

7. 長井雅楽〈公武合体を推進し開国通商を説く〉157
8. 椋梨藤太〈保守（俗論派）の中核〉158
9. 中川宇右衛門〈椋梨と同年で保守（俗論派）〉159
10. 吉田松陰〈松下村塾で若き志士を育てる〉160
11. 高杉晋作〈松下村塾の四天王。改革の指導者〉162
12. 久坂玄瑞〈松下村塾の四天王。禁門の変で散る〉164
13. 寺島忠三郎〈門下生。禁門の変で久坂と共に散る〉166
14. 入江九一〈別名・河島小太郎〉〈松下村塾の四天王。禁門の変で散る〉168
15. 吉田稔麿〈松下村塾の四天王。池田屋事件で散る〉170
16. 桂小五郎（木戸孝允）〈薩長同盟を結んだ維新への指導者〉172
17. 井上馨（聞多）〈伊藤・山県と共に明治の三元老〉174
18. 大村益次郎〈日本軍建設の基礎づくりを果す〉176
19. 伊藤博文〈初代内閣総理大臣で帝国憲法制定〉178
20. 山田顕義〈最年少の門下生。法典伯〉180
21. 山県有朋〈奇兵隊・軍監職から実力を発揮する〉182

22. 品川弥二郎〈松下村塾前から入門。維新後も活躍〉 184
23. 前原一誠〈松下村塾の年長組。萩の乱で散る〉 186
24. 太田市之進（後に御堀耕助）〈改革派と志を共にする。従弟に乃木希典〉 188
25. 桂 太郎〈木戸孝允は遠縁。天皇勅命により内閣組閣〉 190
26. 楫取素彦〈群馬県初代県知事。松陰の妹2人を妻に〉 192
27. 乃木希典〈虚弱な少年が日露戦争で日本を救う〉 194

登場する主な人物の生没年 196
幕末の主な出来事（年表） 200
あとがき 204
著者紹介 205
参考資料 206

第1章　幕末動乱の流れ

幕末までの毛利

中国地方の弱小領主だった毛利氏を日本屈指の大大名にのしあげたのは毛利元就だった。当時尼子氏と大内氏が中国地方の勢力を二分していたが、大内義隆を死に追いやり、大内の全権を掌握した陶晴賢を厳島（現・宮島）の戦いで破って大内の旧領を奪い基盤を整えた。

元就は元春（次男）、隆景（三男）をそれぞれ吉川氏と小早川氏へ養子に出し、「毛利両川」と呼ばれる体制を確立する。嫡男の隆元が急死すると、家督は隆元の子・輝元（11）とした。

毛利氏を中心として主に山陰方面の軍事は吉川元春、山陽方面の軍事は小早川隆景に担当させ、尼子氏に月山富田城の戦いで勝利すると、ついに中国地方を全支配とした。

元就の三本の矢の話は有名であるが、死の床での「毛利は決して天下を望まず」の遺訓もまた同様である。

この時期、室町幕府15代将軍の足利義昭が広島の鞆の浦に落ち延びてくると、毛利は将軍義昭を救援したばかりに織田信長の軍勢に押され、次々と敗戦していく。備中・高松城の戦いも、織田軍の羽柴秀吉の「水攻め」に苦戦していた。まさにこの時「本能寺の変」が起き、秀吉と和睦が成立する。

その後は秀吉の全国統一に参戦し、四国、九州を攻める際、吉川元春が病死（享年57）。1589年（天正17）、新たに居城として広島城の築城を開始する。1597年（慶長2）小早川隆景も死去する（享年65）と、ここに元就の基軸だった「両川体制」が終わる。

1600年（慶長5）、輝元が西軍総大将として担ぎ出された関ヶ原の戦いで敗北すると、安芸など120万石から周防、長門29万8千石へと減封となり、長州藩となった。家臣達の家禄は減少。当然すべての家臣を召し抱えることはできないが、たとえ農民に身を落としても毛利についてきた下級武士もいた、という説もある。

長州藩が徳川への報復に燃え、倒幕へと藩民一体となり得たのもここにある。反面、幕府の目の届きにくい山陰の萩に城を構えたことで、新田開発や特産品の生産などで次第に富を増大していくことにもなった。

特に7代藩主となった毛利重就は、藩の財政課題として家臣への減給、増税、検地などに努力を重ね、数年で4万石余りの増収とし、この増収金を「撫育方《ぶいくかた》」と呼ぶ基金として塩田作りなどの開発費に充てた。

その後、この安定した基金が倒幕の資金に活用されたことは、いうまでもない。

東アジアの情勢

18世紀、ヨーロッパで紅茶が大流行すると、イギリスは東インド会社が台頭し、さらに清（中国）との貿易も独占していった。清の茶葉、絹、陶磁器と新大陸から得た銀との交換だった。ところが、アメリカがイギリスから独立すると、銀の供給が減少する。そこで、イギリスが考えたのが、今まで通りインドから綿花を買い付け加工し、織物として輸出し、新たに医薬として清が使用していたインドのアヘンを清へ売りつけ、清から銀を取り戻すという三角貿易を行ったのである。

中毒患者の増加で、１７９６年、清はアヘンを患者救済の目的で全面禁止したが、患者はますます増加。風紀も乱れ、ついに銀の流出に歯止めがきかなくなり、経済危機に陥っていった。そこで清がやむをえず、大量のアヘンをイギリスの貿易商から没収し焼却処分すると、これに怒ったイギリスが１８４０年、戦争（アヘン戦争）を起こす。

結果、圧倒的な軍事力で清を大敗させると、イギリスは１８４２年、清に対し不平等条約である南京条約に調印させる。フランス、アメリカもこれに続き、清との不平等条約を成立させていった。こうした列強諸国の圧力により、香港がイギリスに割譲されたことが、長崎のオランダ商館を通して幕府に伝えられると、幕府はこれまでの異国船打ち払い令を止め、開国へと方針を転換していくことになる。

〔片貿易〕（18 世紀頃）

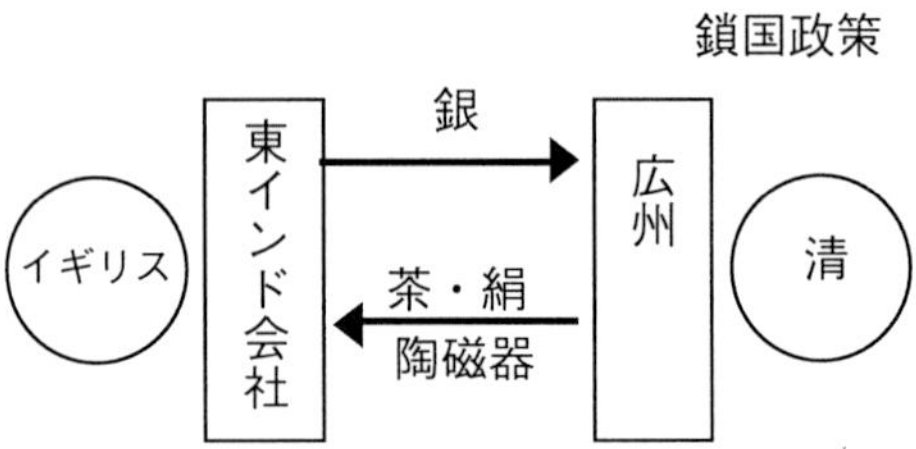

〔三角貿易〕（19 世紀前半）

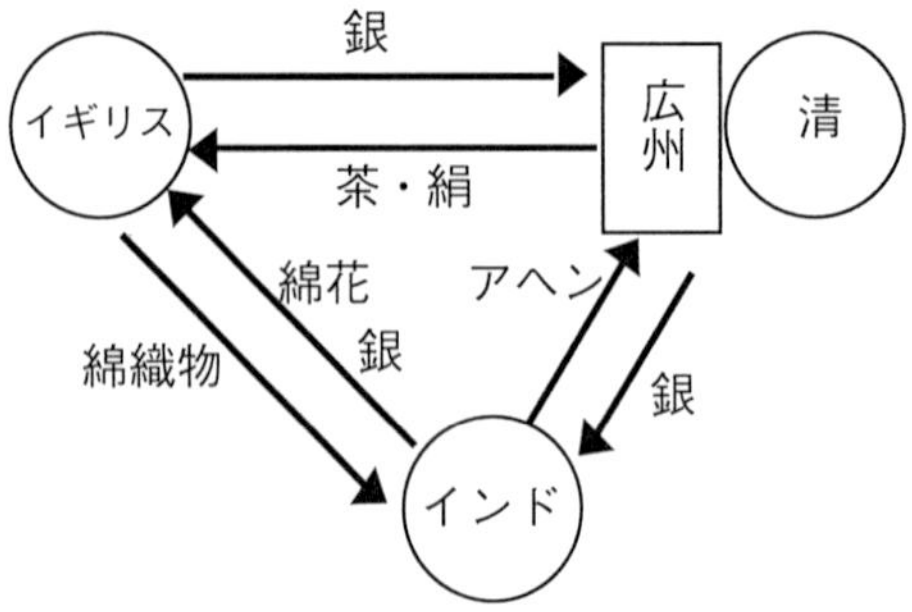

長州藩の経済力と近代欧州

18〜19世紀（1701〜1900年）にかけて日本は何度も災害に襲われた。幸いにして西日本では害虫被害だけで済んだが、東日本は冷害も加わり甚大な被害となった。

享保の飢饉（1732年）、天明の飢饉（1781〜89年）、天保の飢饉（1833〜36年）と3期の凶作が重なり、北関東の人口は約30％減、東奥羽は18％、畿内でも11％減となったのに対し、西日本は各地で20％以上人口が増加している。

この結果、西日本地域は経済力が増大した。特に長州藩は米、塩、紙、はぜろうの「防長四白」といわれるものと木綿生産の豊かな産業地帯となり、防長の港町は北前船による北前交易と大坂を中心に上方交易を手広く行う豪商たちが経済を潤していった。

ところが、日本の近海では徐々に近代欧州の風が吹き始める。1792年（寛政4）ラクスマン（露）が北海道の根室にやってきて通商（貿易）を要求。この時、外交は出島（長崎）のみとして要求を拒否する。1804年（文化元）、今度はレザノフ（露）

が長崎にやってくるも、幕府は強気な姿勢で追い返す。

一方、欧州で唯一長崎で国交を開いていたオランダは皇帝ナポレオンのフランスに占領され属国となったため、1808年（文化5）8月、イギリスの戦艦が出島でオランダ商館員を人質に取る事件が起きる。この時、長崎奉行はただちに焼き討ちの指示を出すものの不備で、イギリス艦を攻撃できずそのまま帰国させてしまう。その後もイギリスの勝手な来航が続いたため、1825年（文政8）、幕府はついに異国船打ち払い令を出し、日本に接近する外国船を攻撃するように命じる。こうして、日本近海には列強諸国の風が吹き始め、鎖国制度は危機に陥っていった。

幕府の弱体化と蛮社の獄

徳川家斉（第11代）の将軍在位は51年と長きにわたり、１８３７年（天保８）徳川家慶（第12代）に将軍職を譲った後も大御所として政治の実権を握り続けた。

家斉は前半こそ老中・松平定信に政治を任せ「寛政の改革」を行い倹約を奨励したが、後半になると華奢・放漫な政治を行い、幕府財政や経済を悪化させるばかりであった。

そのうえ１８３３年（天保４）から天保の飢饉が起きると、全国で一揆や打ちこわしが多発。その代表的なものに１８３７年（天保８）大坂町奉行所の元与力・大塩平八郎の乱がある。大塩は「救民」と大書した旗を掲げて、天保大飢饉で飢えに苦しむ人々を前にしても救済せず、京都からの廻米を江戸に送るだけで、わずかな米を買いに来た者を容赦なく逮捕する奉行所の所業に怒りを爆発させた。元幕臣が起こした反乱であったことが、幕府に衝撃を与え、幕府の統治能力にかげりが見え始めてくる。

この年（１８３７年）、日本人漂流民を救助し渡来しようとしたアメリカ商船・モリソン号を、江戸湾と鹿児島湾で幕府の異国船打ち払い令に従い砲撃すると、

1839年（天保10）、この砲撃は不当であり、時勢に遅れた鎖国体制は外国の侵略を招く恐れがあると幕府を批判した洋学者・渡辺崋山、高野長英らが下獄・処罰されるという「蛮社の獄」が起きる。

結局、このモリソン号事件は日本側が悪いという国際世論が高まり、幕府は1842年（天保13）、外国船が寄港すれば、水、食料、薪などを提供するという「薪水給与令」を出し、対外姿勢は弱腰になっていった。

1840〜42年、この時期にアヘン戦争が起きる。結果、清（中国）は、南京条約を締結し、香港島がイギリスに割譲され、中国の植民地化が始まった。

天保の改革と長州の藩政改革

1841年（天保12）、家斉の死を契機に、老中・水野忠邦は享保・寛政の改革と同様に風紀粛清・質素倹約・増税をめざして天保の改革を行った。贅沢品や派手な祭礼、芝居小屋や寄席も閉鎖しようとした。

北町奉行・遠山景元（金さん）が閉鎖に反対し、庶民の娯楽場所を浅草に移転させ人気者になったのは、この頃である。

また「人返しの法」で農民の出稼ぎを禁じ、江戸に流入した人々を帰郷させ、農村の再建を図ろうとしたが、かえって江戸周辺の農村の治安悪化を引き起こすこととなる。さらに商業面でも上方市場からの商品の流通を独占しているとして「株仲間の解散」を命じ物価引下げを期待したが、実際の物価騰貴の原因は産地から上方市場への商品流通量の減少で、まったくの逆効果の改革となり、1843年（天保14）、幕府は老中水野忠邦を解任する。

一方長州藩でも1831年（天保2）、十数万人が参加した防長大一揆（天保一揆）

が起きる。この一揆での損害はあまりにも大きく、1838年（天保9）には藩の負債が銀9万貫目を超えている。これは当時、藩歳入（全収入）の1年分のおよそ20倍以上の巨額となった。

この危機に藩主・毛利敬親《たかちか》が家老として起用したのが村田清風《せいふう》だった。まず清風は一揆を防ぐ農民対策として、荒畑地の租税廃止、年貢徴収方法改善などに取り組む。商業政策では特産物の紙や蝋《ろう》の専売を江戸や大坂などで行う。特に長州産の蝋はとても人気があった。

当時幕府の物流は西廻り航路（北陸～下関～大坂～江戸）で集荷されていたため、この流通経路を利用し、まず大坂に流通される商品を下関で買い留め、市場の値が上がったところで大坂に卸し、さらに物品の倉庫料とその資金を提供して貸付利子までとることで利益をあげる。この時、藩の豪商や豪農達が投入させられると、下関は多くの他藩の廻船が入港し、多額の収益を得て財政再建に成功する。

しかし、この政策は幕府の市場統制に逆らう商法となり、幕府側から長州に対する圧力が予測され、清風が政治の一線から退く要因ともなっていく。

家臣に向けても借銀救済策として「37年間の長期返済計画」で藩が家臣に代って返

済義務を負い、家臣には37年賦として藩に返済させることにしたが、実質的には藩の借金踏み倒しに近く、商人の強い反発を招くと、幕府の商法違反の追及の動きも重なり、１８４４年（弘化元）６月に清風が失脚。

その後、清風と共に改革に携わった坪井九右衛門が藩政を担ったが思うような結果が出せず、１８４８年（嘉永元）には保守・俗論派の中心人物・椋梨藤太《むくなしとうた》、そして１８５３年（嘉永６）には村田清風の実質的な後継者で革新・正義派の周布政之助《すふまさのすけ》が中枢にかかわり、その後も保守と革新が交互に失脚と復帰を重ね、激動の藩政を乗り越えようとしていく。

ともかくも村田清風の藩政改革は長州藩にとってひとまず成功したといってよい。このように天保の藩政改革で成功した藩に薩摩（鹿児島）、肥前（佐賀）、土佐（高知）、つまり薩・長・土・肥の西南の大藩の他に、伊達宗城（宇和島藩）、松平春嶽（越前藩）らも有能な中・下級武士を藩政の中枢に参加させ、三都（大坂・京都・江戸）の商人や領内の地主、商人との結びつきを深めて、藩権力の強化に成功する。これらの諸藩は社会の変化に即応した新しい動きをとることで、雄藩として幕府の政局に強い発言力を持って登場するようになっていく。

ペリー来航と国防

1853年（嘉永6）6月、今までの人力や風力ではなく、まったく新しい蒸気機関を動力とし、木造ではなく鋼板で装甲を固めた巨大な黒船4隻の軍艦がアメリカ大統領の国書を呈し浦賀沖に現れる。

この時将軍・徳川家慶（12代）は病床にあったため、水野忠邦失脚を受け老中首座となった開明派の阿部正弘（備後福山藩主）が浦賀奉行から報告を受けると、ただちに水戸藩主・徳川斉昭《なりあき》に意見を求めるが、ほどよい策はないとの答えだった。

そこでまず久里浜で国書を受領することとし、その旨を伝達するとペリー総督は、水兵、海兵隊、軍楽隊ら300人に守られ上陸。その際、13発の大砲が発射された。当然、一般庶民にとっては驚天動地だったが、幕府はオランダから事前に情報を得ており、それほどの驚きではなかったという。それより、この難局をどう乗り切るか島津斉彬《なりあきら》（薩摩）、松平春嶽（越前）、さらに朝廷の意向をうかがうなどして、挙国一致の体制をとり国難に対処しつつ、国書の返事には1年の猶予が必要として、ひとまずペリーを帰す。

この時吉田松陰は、西洋技術の習得と国防の充実で開国論を唱え「海防八策」で評価を得ていた佐久間象山と共に黒船を視察していた。巨大な蒸気船を目の当たりにして衝撃を受けた松陰は、欧米列強から日本を守るためには列強国を知り、技術を学ぶ必要があるとして海外渡航を決心する。

この洋学塾を開校した佐久間象山の塾には、勝海舟、吉田松陰、坂本龍馬、橋本左内、河合継之助、山本覚馬など幕府動乱期に影響を与えた塾生が多くいた。ちなみに象山の妻は、勝海舟の妹・順子である。

ペリーが帰国したわずか10日後に、病に伏せていた将軍徳川家慶が死去すると、国の舵取りが老中首座の阿部正弘に託された。そこで阿部はアメリカ大統領の国書を訳したものを諸大名や幕臣に諮問したが、その多くが日本の軍備ではとても列強国と戦うことは不可能との意見だった。そのため、とりあえず江戸への侵入を防ぐため、ペリー再来航までの猶予期間内に、品川沖において砲台（台場）の建造に取りかかった。

これまでの「大船建造の禁」も解除し、各藩に大型軍艦の建造の奨励をする。

年が明けた1854年（安政元）1月、早くも予定を繰り上げて、前回よりも数を増し、7隻の艦隊を伴い、ペリーが再び江戸湾奥まで侵入してきたが、品川沖の砲台を見て、しかたなく横浜沖に停泊する。ひとまず台場建造は成功だったといえる。幕府は横浜にアメリカとの対応所を設置する。ここで1ヶ月にも及ぶ交渉をしたあげく、日米和親条約を締結する。

これで、下田、箱館の2港を開港し、下田には領事を駐在させる領事館を置くことを規定する。この後、下田に移動し、改めて下田条約を締結する。結果、アメリカにはとても有利な条約であり、日本にとっては不平等な条約となった。

ここに約200年以上にわたる鎖国政策が終了となる。この後、イギリス、ロシア、オランダなどとも同様な不平等条約が結ばれていく。この間、国内は開国論と攘夷論で激しく国論が二分し、諸藩の中でも雄藩や朝廷の発言力が増し、将軍の跡継ぎ問題とからまって幕府の統制力の弱さが浮き彫りとなった。

吉田松陰　密航と捕縛

長州藩から10年間の諸国遊学を許されていた松陰は、江戸を訪れていたそのさなか、黒船騒動に巻き込まれる。日本と列強国との差があまりに違いすぎるのを目の当たりにして、密航をしてでも海外への渡航を決意する。

ペリー艦隊が１８５３年（嘉永６）６月に去って、７月プチャーチン率いるロシア艦隊が長崎に来航したと聞くや、すぐさま長崎に走ったが、時すでに遅く、ロシア艦隊に間に合わなかった。

12月にもロシア艦隊が来航したのだが、松陰がその情報を知るよしもなく、1年後のペリー再来日を待つことにした。はからずも予定より早く、１８５４年（安政元）1月16日にペリーが来日した。

この時、密航に同乗しようと偶然にも友人の紹介で知った同郷の金子重輔（重之助）と共に３月６日、下田へ向かう。３月27日昼、上陸していたペリー艦隊士官兵に近づき外国渡航への思いを記した投夷書を渡す。しかし、いくら待っても、艦隊側からの返答はなく、この夜2人は小舟で旗艦・ポーハタン号に向け、波の荒い海へ漕ぎ出していく。やっとの思いでたどり着くと、通訳のウィリアムスと交渉するが、アメリカ側は密航を受け入れれば、整ったばかりの日米関係に影響するとして拒絶する。それでも戻れば死罪になると必死に懇願するが、拒絶の判断が変わることはなかった。

乗ってきた小舟は決して戻らない決意で海に流したとの説もあるが、それとも荒波に流されたのかはわからない。ともかく2人は艦隊のボートで海岸まで送り返される。夢と希望に胸ふくらませていただけに失意は大きかったにちがいなかっただろうが、小舟に残した「投夷書」の草稿や師の佐久間象山からの送別の書が発覚することを恐れた松陰は、逃げ隠れすることはやめ、3月28日に下田奉行所に自首し、捕縛の身となる。

なぜ所持品を海に捨てなかったのか？　乗船を焦ってしまったのだろうか？　計画は万全だったといえたのか？　金子重輔は逃げなかったのか？　さまざまな疑問を投げかけても、今となっては届かぬ想いである。

伝《てん》馬《ま》町《ちょう》牢から野山獄へ

2人は下田番所の取り調べを終えると、江戸の伝馬町牢屋敷へ移された。この時松陰が詠んだ歌に「かくすればかくなるものと知りながら　やむにやまれぬ大和魂」。

この伝馬町牢舎は身分によって扱われ方が違っていた。旗本などの身分なら揚座敷《あがりざしき》、武士や僧侶なら揚屋《あがりや》、庶民なら大牢、農民なら百姓牢、女性なら女牢の区別であった。士・農・工・商ならぬ士・工・商・農である。

吉田松陰は政治犯としての扱い方で揚屋へ、金子重輔は藩籍を離れていたため大牢に入れられ、その後なぜか百姓牢に移されている。すでにこの時、小舟が発見され所持品から密航に関与したとして佐久間象山も入牢となっていた。

9月18日、3人の判決が下る。本来であれば密航は国禁であり死罪であった。しかし老中首座・阿部正弘の温情のはからいやペリーの口添えもあり、3人とも国許預かりという軽い処分となり、象山は松代藩（長野）、松陰と重輔は長州・萩へ護送となる。

9月23日、牢籠で江戸を発つ。特に護送中、重輔の扱いはひどく、就寝も籠のまま宿の土間に置かれたため、病にかかり日増しに衰弱していった。萩に到着すると松陰は士分の野山獄へ投獄。重輔は庶民が入る岩倉獄に投獄されるとさらに病気が悪化し、1855年（安政2）1月11日、獄中にて短い生涯を終える（享年25歳）。

松陰の悲しみは深く、野山獄内で重輔の霊を弔うとともに牢獄の食事を削り遺族へ香代として送っている。重輔の悲しみを乗り越え、松陰はここで1年2ヶ月の獄中生活を送る。一方、佐久間象山は、その後約8年間松代で謹慎の身となった。

野山獄の生活

野山獄はすべて個室が用意されプライバシーが保たれていた。当時野山獄には11人の囚人がいたが、犯罪者というより身内が願い出て、家内で衝突をさけるため世間から隔離する「借牢《しゃくろう》」というもので、生活面では軟禁状態の人々だった。重輔が入牢していた岩倉獄と比べれば天国と地獄の差である。

野山獄で松陰は最年少であり、中には在獄50年近い者もいた。獄中でも自由な行動が許され、教養人も多く、松陰は全国を巡った旅先での話や体験を通し、徐々に囚人たちと親しくなっていった。兄・梅太郎の助けを借りながら1年2ヶ月の獄中で618冊もの書物を読破し、松陰の話は次第に勉強会へと発展する。

そもそも松陰は獄とは囚人を社会復帰させる場所でなければならないという考えであったため、「孟子」の講義を始めてから獄中講義を34回も行い、その後「松下村塾」へと繋がっていくのである。

ただ松陰は自らが教えるだけでなく、書の達人・富永有隣から書の手ほどきを受け、句を得意とする吉村善作には俳句を習うなど、互いに得意分野を教え合う明るい雰囲気に包まれ、連帯感が生まれた程だった。さらに獄吏までもが松陰の講義を熱心に聞き入ったということである。

1855年(安政2)12月15日、松陰は病気療養の名目で身柄は実家へと移されるが、正しい出獄の理由は、幕府から下された謹慎の処分に対し獄内に閉じ込めた藩の処分は厳しすぎるのではないかという藩内からの申し出によるものだった。しかし、決して罪を許されたわけではなかった。この時、松陰26歳。

松下村塾の誕生とその教え

■1855年（安政2）［松陰・26歳］

12月15日、実家に帰るも、蟄居の身には変わりなく、他人との面会や外出も禁止され、東向きの3畳半の幽囚室が与えられただけだった。帰宅して家族に野山獄での「孟子」の講義が途中で終わったことが残念だったと伝えると、2日後から父・兄・叔父ら身内だけの講義が始まった。これに親戚の若者が加わると、噂を聞きつけた若者が集まってくる。そもそも松下村塾は1842年（天保13）に叔父・玉木文之進の始めた私塾で、当時は後を継いだ叔父・久保五郎左衛門が近隣の子弟を教えていた。松陰は叔父の補佐的な立場で講義を始めていく。

■1856年（安政3）［松陰・27歳］

5月、藩医の子・久坂玄瑞と出会う。8月、「武教全書」の講義を開始する。最初、医師の子・増野徳民《とくみん》（16）、次に足軽の子・吉田稔麿《としまろ》（16・門下生の四天王）、そして魚屋の子・松浦松洞《しょうどう》（20・松陰の肖像画を描く）が入門し、彼ら3人への講義が松下村塾の基礎となり、塾が進み始める。

この時期、京で尊王攘夷運動の先頭に立っていた梅田雲浜《うんぴん》が萩に藩校の明倫館の儒学講師として来て、松陰と顔見知りとなり、村塾を訪れる。後にこの訪問が松陰の運命を左右することとなる。この時、藩内も尊王攘夷の芽を見たのかも知れない。

■1857年（安政4）〔松陰・28歳〕

年が明けると、午前・午後・夜間に分け、1日十数人の講義が続く。3月末、従弟の久保清太郎が江戸より帰郷すると村塾の講師を依頼し、さらに野山獄で知り合った富永有隣を獄中より放免させ講師に迎え、3人体制で塾生を教えていく。塾生といえどどんな身の上であっても来る者は拒まずの精神であった。そして「何のために学ぶのか」と問いかけ、学ぶことの大切さより、それをどう生かすかが重要と伝えた。

松陰の教えは塾生の個性に合わせ長所を伸ばし、自信を植え付けさせ勉学の取り組み方を評価することであった。この頃になると、久坂玄瑞（18）が正式に門下生となり、農民の子・伊藤博文（17）、足軽の子・品川弥二郎（15）、藩士の子・尾寺新之丞（25）、藩士の子・前原一誠（24）が入門し、勉学が進むにつれ久坂玄瑞は塾生を指導するまでに育っていった。そして玄瑞が連れて来たのが1歳年上の高杉晋作（藩士の子）だった。その後、この2人が門下生達の双璧となっていく。

11月5日、松陰の元を訪れる若者が多くなりすぎると、父と叔父が相談し、畑にあった納屋を改修し、8畳1間の講義室を造る。表向きは叔父・久保五郎左衛門の塾としてだったが、実質的には、これが松下村塾の誕生だった。

■1858年（安政5）［松陰・29歳］

さらに塾生が増えると、8畳1間だけでは手狭になり、3月、解体された古家の材木を譲り受け、柱を組む以外の作業はすべて塾生で行い、10畳半の部屋を増築し18畳半の学舎とする。

萩から日本海岸線を北に上がると島根県境に近い須佐がある。この地に益田氏の郷校・育英館があった。学舎が完成した頃、この育英館から松下村塾の評判を聞き、益田氏家来の3男、荻野時行（24）が半月学んでぜひとも育英館に塾生を連れ帰り、塾生同士の交流をしたいと申し出る。快く承諾した松陰はまず最初13名の塾生を送り出す。こうした交流が盛んになり、萩城下でも評判を聞きつけた若者がさらに訪れ、入塾生がますます増えることとなる。松陰にとって、この頃が人生で一番心安らぐ時だったのではないだろうか？

日米修好通商条約

1855年（安政2）、松陰が野山獄に投獄されていた頃、江戸では開国派の老中首座の阿部正弘に代わって、堀田正睦《まさよし》が首座に就くが、その陰では彦根藩主・井伊直弼らの譜代大名が幕府の主導権を掌握すると、これまで阿部正弘が登用した水戸の徳川斉昭・越前の松平春嶽（慶永）ら親藩や、薩摩の島津斉彬、土佐の山内容堂（豊信《とよしげ》）などの外様の雄藩との対立が生じる。特に12代将軍・家慶の後、13代将軍となった家定は病弱で継嗣がなく、後継者をめぐり対立が水面下で動いていた。

ペリーが締結した日米和親条約の2年後の1856年（安政3）、アメリカ総領事ハリスが下田の領事館に着任する。翌1857年（安政4）10月、ハリスは江戸城入城を果たすと、中国で侵略を続けるイギリスの危険性を老中首座の堀田正睦に説き、1858年（安政5）1月、日米修好通商条約の一応の妥結に向けて内容が詰められていった。

この時幕府には通商の概念はなく、日本側にとって不利な内容であっても、幕府には理解しがたいものであった。しかし、堀田正睦が条約締結に関する勅許を得るために京都へ乗り込んでも、攘夷（外国人排斥）に固執する朝廷を説き伏せるには到らず、幕府は朝廷にも諸大名にも協力が得られずに、交渉は暗礁に乗り上げる形となった。

長州では、１８５７年（安政４）12月、松陰の妹・文《ふみ》が久坂玄瑞の妻となり、翌年３月、松下村塾が増築され、18畳半の学舎となった頃である。

１８５８年（安政５）６月、大老となった井伊直弼はハリスに押し切られる形で、勅許を得ぬまま日米修好通商条約に調印する。下田、箱館に加えて神奈川、長崎、新潟、兵庫を開港すること、公使の交換、江戸・大坂の開市、外国人居留地の設定などを定めたものだが、治外法権を認め、関税自主権を放棄したままの不平等な条約であった。

将軍継嗣問題の対立

1858年（安政5）に入り、将軍継嗣をめぐり対立が表面化していく。一橋家の慶喜《よしのぶ》を推す一橋派と、御三家・紀州藩の慶福《よしとみ》（家茂《いえもち》）を推す南紀派との対立が激しくなった。

徳川慶喜を推す父・斉昭《なりあき》は、有栖川宮織仁親王の娘・吉子を妻とし、水戸藩・藩校弘道館を設立して「水戸学」とよばれる尊王思想（天皇・皇室を尊ぶ思想）を教授し、志士たちに強い影響を与えた。意を共にしたのが島津斉彬、山内容堂、松平春嶽らの親藩・外様大名だった。

一方、慶福（家茂）は有栖川宮織仁親王の娘・喬子を妻とした12代将軍家慶《いえよし》の将軍筋にあたる。この南紀派を強く推すために、同年4月、彦根藩主・井伊直弼を大老に登用させ対抗していく。結果、13代将軍・徳川家定は尊王攘夷論の徳川斉昭の権力の拡大を恐れ、将軍継嗣を慶福にすることを内々に決める。

将軍継嗣をめぐる対立

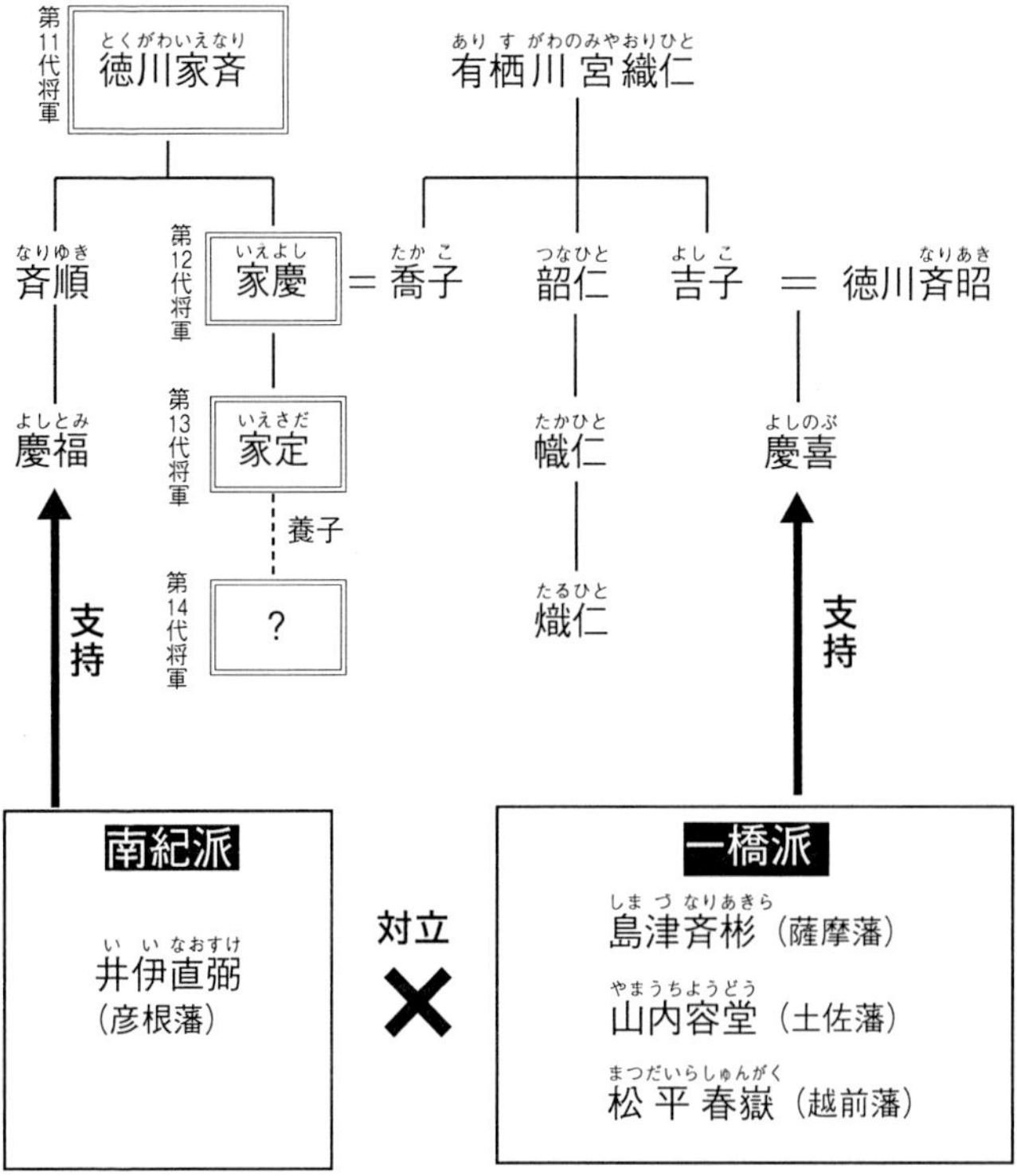
第11代将軍
徳川家斉《とくがわいえなり》
有栖川宮織仁《ありすがわのみやおりひと》
斉順《なりゆき》
第12代将軍
家慶《いえよし》
喬子《たかこ》
韶仁《つなひと》
吉子《よしこ》
徳川斉昭《なりあき》
慶福《よしとみ》
第13代将軍
家定《いえさだ》
熾仁《たかひと》
慶喜《よしのぶ》
養子
第14代将軍
?
熾仁《たるひと》
支持
支持
南紀派
井伊直弼《いいなおすけ》
（彦根藩）
対立
一橋派
島津斉彬《しまづなりあきら》（薩摩藩）
山内容堂《やまうちようどう》（土佐藩）
松平春嶽《まつだいらしゅんがく》（越前藩）

この継嗣問題と同時期にハリスが提案している日米修好通商条約の問題が重なっていた。

南紀派の譜代らは開国政策に同意であったが、一方の親藩・外様の一橋派は尊王攘夷（皇室を尊び外国人を打ち払う）主義を主張し、条約締結するためには天皇の勅許が必要だという態度を示した。

ところがその２ヶ月後の１８５８年（安政５）６月、大老・井伊直弼が勅許を得ぬままに日米修好通商条約に調印すると、政局が大きく転回していくことになる。

安政の大獄

勅許なしで条約調印に踏み切った大老・井伊直弼は1858年（安政5）6月23日、老中首座だった堀田正睦らを罷免する。勅許なしに激怒した一橋派の面々は無断で江戸城に登城し、大老・井伊を叱りつけたが、井伊はなんとかこの場をなだめて収めると、電撃的に次の将軍を南紀派が推していた慶福（家茂）とすることを公表した。すると、裏切られた怒りが抑えられず、一橋派は再度登城する。井伊はたびたび無断で登城した諸侯らをきびしく謹慎処分とした。

この最中に孝明天皇も無断調印を怒り、徳川三家・大老のうちひとりを上洛させよと命じると、老中間部詮勝《まなべあきかつ》を上洛させる予定であった。しかし、7月に13代将軍・家定が急死し、間部の上洛が遅れる。この間に処分を受けた諸侯らはもとより、京の攘夷派の志士らが活動し、朝廷工作を行う。

一方、長州藩では松下村塾の評判が広まり、松陰の理解者だった藩の永代家老・益田右衛門介、藩主に信頼されていた前田孫右衛門に、松下村塾の教育が正式に認められると、塾生らは藩の内外で活躍の場を与えられていった。

高杉晋作と久坂玄瑞は江戸遊学へ、入江九一や吉田稔麿は江戸藩邸に、伊藤博文ら6人は京へ情報収集に旅立っていった。

1858年（安政5）8月、朝廷は幕府の内政、外交姿勢に対する幕政改革を指示する勅（戊午《ぼご》の蜜勅）を水戸藩に送った。これを知った大老・井伊は慌てて京の情勢を家臣に探らせると、公卿や攘夷志士らの動きを誇張して報告してきたため、井伊は水戸藩が朝廷を扇動したものと思い込んだ。9月、尊王攘夷の先頭に立ち、以前、長州にも講師として来ていた梅田雲浜が捕縛され、公家や廷臣など三十数名を朝廷から追放し、諸侯や藩士・尊攘派志士も次々に捕縛していった。

こうした大老・井伊による一連の弾圧を「安政の大獄」といい、これを機に幕府に対する尊王攘夷の志士たちの反発はますます激しさが増大していく。

条約締結に関して幕府と朝廷の混迷した状況が江戸の高杉、久坂、京の伊藤らからの手紙で次々と松陰のもとに送られてくる。松陰は条約締結に対し、たとえ長州藩だけでも幕府のおろかさに反対すべしと意見書を藩に提出したが、藩の上層部に握りつぶされる。藩のはっきりしない態度に松陰は怒りを抑え切れなかった。

10月末、松下村塾を訪れた長州藩士から大老・井伊の暗殺計画のうわさを聞くと、松陰は京で志士を弾圧している老中・間部の暗殺計画を企て、塾生17名の血判状をしたため、前田孫右衛門に大砲の供与を願い出ると、前田は協力する意志を示す。

しかし、これを知った藩の重職で尊攘改革派の周布政之助でさえ、あまりにも過激な計画としてこれを止めさせ、11月29日、松陰に藩主の許可のもと謹慎を命じるが、藩は松陰と塾生の暴発を恐れ、松陰を12月26日、野山獄へ再投獄する。これで松下村塾が自然閉鎖となってしまう。

松陰は、この再投獄内で、国内の現状に対し、何もしない朝廷・公卿・藩や藩士らに希望は持てないとして「草莽崛起《そうもうくっき》」し、民間の志ある人々が尊王攘夷のために奮い立ち上がる以外に今の国の危機的状況を救う道はないとの結論を得る。

■1859年（安政6）〔松陰30歳〕

4月19日、参勤交代で江戸の長州藩邸にいた藩主・毛利敬親《たかちか》のもとに、松陰の江戸護送命令が下る。先に捕縛されていた梅田雲浜や京で捕縛された志士らの取り調べから松陰の名が上がり、再聴取するためだった。

当時江戸勤めの藩主・敬親は、重職・長井雅楽《うた》を急ぎ萩へ向かわせた。松陰は幕府に直接正義を尽くすことを伝えるよい機会だと思った。


さらに松陰は、塾生の入江九一に「同志がひとつの塊になれば他に勝るものはない」と書き置きし、高杉や久坂たちと共に国のために立ち上がることを望んだ。江戸へ旅立つ前、絵師を志す松浦松洞が久坂の提案で野山獄に出向き、松陰の肖像画を何枚となく描き残す。後に松陰の姿を残す貴重な資料となる。


5月25日、旅立ちの朝は雨になった。30人あまりの護送役人に囲まれ、罪人用の駕籠で野山獄を出た。萩城下を通り抜けゆるやかな坂道を登りきると、街道に松並木が続く往還松があった。ここから萩城下が一望できる。萩城下と別れる旅人が涙を流したことからこの松並木を「涙松」と呼んでいた。

松陰は役人に頼み駕籠を止めてもらうと、歌を詠む。

「帰らじと思ひさだめし旅なれば、ひとしほぬるる涙松かな」

（もう帰ることもないだろうと思う旅だから、ひとしお想いがこもる涙松だな）

故郷・萩をあとにし、江戸の長州藩邸の牢屋へ送られ、7月9日、伝馬町獄へと移される。この頃、長州・萩で洋式の軍事訓練が大村益次郎のもとで開始されている。松陰は高杉晋作ら江戸の志士に支えられながら獄中生活を送る。松陰は梅田雲浜との関係などの嫌疑を晴らし、当初軽い刑で済むと思われたが、10月16日、老中・間部の暗殺計画を自ら告白し、死刑を覚悟する。10月27日、死刑執行。

処刑の前に辞世の詩を詠んでいる。

「吾れ今、国の為に死す。死して君親に負《そむ》かず。悠々たり、天地の事。鑑照、明神に在り」（私は今、国のために死ぬ。死すとも藩主への忠義、父母への孝行を尽くして、その道に反することはない。天と地は永遠で果てしなく広い。神よ、私の行の正しいことをご覧下さい）

安政の大獄で大老・井伊は開国を目指す自身の政策に不都合な人々を処罰し、宮家、公家から志士に至るまで処罰者は70名とも１００名を超えたともいわれている。

暗殺を計画された老中・間部は安政の大獄で井伊と意見が対立し辞任。その後隠居し、１８８４年（明治17）没。（享年81）

安政の大獄で弾圧された人々

名前	身分	処分
橋本左内	越前藩士	斬罪
吉田松陰	長州藩士	斬罪
頼三樹三郎	儒学者	斬罪
梅田雲浜	元小浜藩士	獄死
安島帯刀	水戸藩家老	切腹
鵜飼幸吉	水戸藩士	獄門
一橋慶喜	一橋徳川家当主	謹慎
松平春嶽	越前藩主	謹慎
伊達宗城	宇和島藩主	謹慎
堀田正睦	佐倉藩主・前老中首座	謹慎
山内容堂	土佐藩主	謹慎
徳川斉昭	前水戸藩主	永蟄居
近衛忠熙	左大臣	辞官・落飾
鷹司政通	前関白	隠居・落飾
鷹司輔熙	右大臣	辞官・落飾
三条実万	前内大臣	隠居・落飾

桜田門外の変

大老・井伊直弼の強権政治への反発は日ごと増大していった。1860年（万延元）3月3日、江戸在中の大名は上巳《じょうし》の祝賀に出席するために、江戸城に登場するきまりになっていた。

井伊も行列を仕立て駕籠で江戸城へと向かう。彦根藩邸から江戸城入門の桜田門までは目と鼻の先の距離（約400m）だったが、当日は季節はずれの大雪で、行列は視界が悪いなか、雪を踏みしめながら進んでいた。雪なのに沿道には見物人も多くいたという。

その中に大老・井伊を狙う刺客のひとりが直訴を装い行列の先頭に願い出ると、駕籠の警護の者が走り寄っていく。無防備になった井伊の駕籠をねらって短銃が撃たれると井伊は深手を負う。この銃声を合図に刺客らは抜刀し、一斉に行列に奇襲をかけた。行列の彦根藩士たちは雪のため腰の刀には柄袋が巻いてあり、すぐ刀は抜けず、雨合羽も着けていたため、次々と斬られていく。刺客が槍や刀を駕籠に突き刺し、中から井伊を引きずり出すと、その首を斬り落とした。

目的を果たした刺客らは首級を持ち逃走を図る。その惨状は白い雪道が真っ赤に染まる程だったという。この指導者は水戸浪士の関鉄之介で、首級を持ち逃げしたのは薩摩浪士の有村次左衛門だったが、重傷を負い力尽き自決する。

その後首級は井伊家に戻されたという。刺客のうち17人は水戸藩出身者だった。松陰に同調して血盟した門下生はどう思ったことだろう。師の仇を打ち取ったと思ったのだろうか。それとも我が手で仇を打ち取りたいと思ったのだろうか。いずれにせよ大老が暗殺されたことは幕府の権威が揺らぎ、時が討幕へと進む予感を覚えたことだろう。

遣米使節団と長州藩の軍事改革

1860年（万延元）3月、桜田門外の変後、幕政は老中・安藤信正が久世広周《くぜひろちか》と共に舵取りを担った。3月17日、咸臨丸が我が国初の太平洋横断航海を達成し、無事サンフランシスコ港に到着する。咸臨丸は幕府がオランダに発注し建造させた625トンの木造蒸気船で乗組員は総勢96名。司令官・木村喜毅、艦長・勝海舟、通訳・ジョン万次郎、福沢諭吉らで、航海を補佐するアメリカ海軍ブルック大尉以下11名が乗船していた。

もしも吉田松陰・金子重輔が乗船し渡米を果たしたなら、どんなに喜んだことだろう。あまりにも時を急ぎすぎたのだろうか、きっとよくぞ荒波を乗り越えたとほめたたえたことだろう。6月16日、さらに日本から遣米使節団総勢77名が到着し、その後、全米各地で歓迎の嵐に見舞われたという。

その後、長州藩では7月22日、桂小五郎（木戸）らが水戸藩郷士・西丸帯刀らと長州藩で建造された最初の洋式軍艦・丙辰丸《へいしん》にて成破の盟約を結ぶ。幕政を変えるために水戸藩が破壊的行為で混乱を起こし、その後長州藩が改革を成しとげるという役割分担の密約同盟であった。

丙辰丸に続く2隻目の洋式軍艦庚申丸《こうしん》が竣工すると、西洋銃新式ゲベール銃1000挺と属具を長崎で購入し、新兵制の徹底化のため、萩、三田尻、山口の3ヶ所に練習場を設け、西洋銃陣を実行に移した。

洋式海軍創設の一環として実現した庚申丸の建造は、洋式海軍士官養成のための実地練習艦として運営され、海軍局創設の基礎となった。しかもオランダ教師団のもとで実地に指導を受けた直伝習生達は、軍事改革を実践的側面から推進した重要な存在であった。さらに大村益次郎は1861年（文久元）3月、陸軍、海軍、陸海兼用砲術の三科を有する西洋兵学の研究教育機関を設立させ、飛躍的な成果を成しとげていく。

公武合体と尊王攘夷論

1861年（文久元）10月20日、幕府と朝廷の「公武合体」の策のもと、孝明天皇の異母妹・和宮（16）が翌年2月に予定されている14代将軍・慶福を改名した家茂《いえもち》（16）との婚儀のため、京都を千数百人もの行列で出発し、中山道を通って江戸に向かった。皇女を正室に迎える話は朝廷と幕府の関係改善の策として老中首座・安藤らが計画したものだったが、有栖川宮との婚約を破棄させてまでの政略結婚で悲劇のヒロインに同情する人々も多くいたという。

一方、江戸では通商条約が締結され、以後外国との貿易も次第に盛んになると、金が海外へ大量に流出し、物価が高騰。国内の経済が混乱し、生活が困窮する人々も増大した。これらのすべては外国との貿易に要因があるとして、ますます攘夷論が高まると、鉾先は多くの外国人がいる横浜や、江戸の諸外国の公館に向けられた。

開港後に外国人居留地となった横浜では、オランダ公使から遊郭設置の要請があり、幕府は居留地の隣接地を埋立て、港崎《みよざき》遊郭を十数軒造った。そのうち最も知られた岩亀楼の豪華な館内は日本人用と外国人用に分かれ、多くの外国人がやってきた。

1860年(万延元)12月5日、ついにアメリカ公使館の通訳だったヘンリー・ヒュースケンが薩摩藩士数人に斬り殺されるという事件が起きる。これを機に次々と外国人襲撃事件が発生する。

1861年、万延から新たに文久となった3月、長州藩でも公武合体に流れを合わせる形で開国派・長井雅楽の「航海遠略策」(積極的に海外に出て通商で国力を高め、外国に対抗すべき)を藩論に採用した。当初は保守改革両者共に好意的であったが、攘夷派の桂小五郎(木戸)、久坂玄瑞からは猛反発をくらう。

特に久坂は安政の大獄の時、師・松陰の江戸への護送役を担った長井を追い詰め、長井は1862年(文久2)6月に免職される。

1862年(文久2)7月24日、藩は藩主・毛利敬親同席のもと、桂・久坂らの主張が通り、朝廷の攘夷への方針へ転換する。

9月、周布政之助は「まず攘夷を行ったうえで藩が諸外国と交渉し友好条約を結ぶ方針がよい」と説く。つまり、植民地化の危機を回避するためには、一旦諸外国に武力で対抗し、開国を想定しながら交渉を行うというもので、これ以後、藩政は尊攘激派が主導し、破約攘夷（条約を破棄して外国を追い払う）を推進すべく藩をあげて朝廷工作へと舵を切っていった。

長井雅楽は1863年（文久3）2月6日、藩内を二分させた責任をとり自害する（享年45）。

寺田屋事件と文久の改革

幕府が5ヶ国と締結した修好通商条約の取り決めにより、開港地・横浜には外国人が暮らす居留地が造られた。掘割で仕切られ入口には関所を設置して厳重に警護され、安全を保障された居留地内には各国の商社、銀行、ホテル、レストランなどが建ち並び、まるでヨーロッパの港町のようであった。

江戸には外国公館が設置されると、攘夷派の志士らの怒りは頂点に達した。

1862年（文久2）1月、江戸城門外で老中・安藤信正が襲撃され負傷すると（坂下門外の変）、幕府の権威はさらに失墜することとなった。

2月には皇女・和宮が14代将軍家茂に降嫁。3月、板倉勝静《かつきよ》が老中となり、4月に安藤信正は失脚する。この頃薩摩藩主・島津久光（斉彬の弟）がおよそ1000人の藩兵を率いて勅使護衛の名目で上洛する。

4月23日、京都伏見の船宿「寺田屋」で薩摩の尊攘激派が討幕計画を目的に集結しているとの情報を聞きつけた藩主・島津久光がこれを未然に阻止する。結果、攘夷の志士6名が殺され、残る二十数名が投降し、薩摩へ護送された。

つまり薩摩藩士が薩摩志士を取り押さえる形となった。

これで島津久光は朝廷と幕府双方ににらみをきかせる足がかりを固めることとなった。

そこで7月6日、島津久光は幕政介入を行う。安政の大獄で処分されていた一橋慶喜を将軍後見職につけさせる。本来、将軍後見職というものは正式な役職にはなく、将軍が幼い間補佐するためにつくものであったため、慶喜（26）は気が進まなかったようである。しかし将軍となった家茂（17）がこの難局に立たされている以上、見捨てるわけにもいかなかった。さらに政事総裁職に松平春嶽（慶永）をつけ幕政に復帰させ、新設の京都守護職に会津藩主・松平容保《かたもり》を任命することを決め、文久の改革を成しとげる。と同時に幕府の実権は老中首座・板倉勝静から一橋慶喜へと移ったことを意味していた。

この頃、長州藩では藩論を尊王攘夷に決定し、周布・桂・高杉・久坂らが藩政の主導権を握り、さっそく京都で活動する攘夷派に資金の提供を開始する。

さらに三条実美《さねとみ》ら公家の攘夷派とも連携し、朝廷を動かそうと画策する。孝明天皇も外国人排斥を望んでいたため攘夷派にとっては好都合だった。

しかし、京都守護職となった松平容保がこの動きに対応し乗り出すと、京都は一気に不穏な空気が漂い始めた。

生麦事件と公使館焼き討ち

1862年（文久2）8月21日午後、事件は往来の激しい東海道・横浜の生麦村で起きた。この頃横浜の居留地では外国人の間で乗馬がブームだった。当日川崎大師まで乗馬で繰り出そうとしていたイギリス人4人の男女の前に、文久の改革を成しとげ江戸から帰る途中の薩摩藩主・島津久光の大名行列が通りかかった。日本の慣習を知らないイギリス人4人、行列の手前から手を振り近づいてくる武士たちを見て動揺し、馬までもがあばれ出した。走り寄る数人の侍がいきなり4人に斬りつけ、イギリス商人（男）を殺害。残る3人はアメリカ領事館に逃げ込むと、居留地の外国人らは復讐心で沸き返った。

イギリス側は「幕府の陳謝と賠償金」と「薩摩藩には実行犯の処罰と賠償金」の2つの要求を突きつけると幕府は困り果てたが、薩摩はこれを跳ね返した。

これがいずれ後にイギリス艦隊と薩摩が戦う薩英戦争へと発展することになる。

11月、長州藩士、高杉晋作や久坂玄瑞らは長州の尊王攘夷派の存在を世に知らしめようと外国公使襲撃を計画していたが、土佐藩士・武市半平太と毛利定広の説得で中止させられる。しかしこれに懲りずに12月12日、晋作を隊長、久坂を副将とした総勢12名が今度は品川の御殿山（幕府期には江戸湾が一望できる景勝地）に建設中だった英国公使館の焼き討ちを決行し、幕府に公使館建設を断念させることに成功すると、松陰門下生たちの活動が本格化していく。

外国船砲撃と奇兵隊

1862年（文久2）12月、天皇から将軍・家茂に対し、上洛の勅令が下ると、まず将軍後見役の一橋慶喜が200兵を連れて上洛する。これ以後、慶喜の活動の場は江戸ではなく京都が中心となっていく。翌年1863年（文久3）1月に慶喜は孝明天皇に拝謁すると、天皇は異国を嫌い早く攘夷を実行に移すよう依頼する。とはいえ討幕を望んでいるわけではなく、あくまでも公武合体で幕府の安定化を願ってのことだった。

1863年（文久3）3月、将軍・家茂は当初、攘夷は不可能であることを述べるために上洛したが、尊王攘夷派の公卿や長州・土佐の両藩の策略で攘夷祈願のため賀茂神社行幸に随行することになる。

ついに幕府は諸藩に攘夷の実行を5月10日と通達する。しかしそもそも幕府にそんな気などなかったことはほとんどの藩は承知していたが、長州藩だけは全く違っていた。馬関（関門）海峡は開国以来急速に外国船の往来が頻繁となり、悠々と通行する外国船がどうにも目ざわりだった。

海峡に面している沿岸には多数の砲台が設置され、攘夷実行と決定が下された5月10日、その砲台からアメリカ商船めがけ一斉に砲撃を開始する。23日にはフランス軍艦（キャンシャン号）に砲撃し、26日にもオランダ軍艦（メデューサ号）に砲撃をしかけ、外国船を打ち払い海峡封鎖を続けた。

しかし、6月1日アメリカ軍艦（ワイオミング号）の来襲を受けると状況は一変する。長州藩唯一の小型軍艦「壬戌丸《じんじゅつ》」が撃沈。帆船の庚申丸も沈没する。5日、フランス軍艦2隻が長州藩の砲台に向け艦砲射撃すると、沿岸に設置された砲台はことごとく破壊され、さらに陸戦部隊が上陸すると、周辺の民家は焼き払われ、一時的に占領を許した。

5日の敗北の報告にあわてた藩主・毛利敬親と首脳部は、萩で謹慎中の高杉晋作を呼び出す。清（中国）に行き、列強によって植民地化された清の実情や太平天国の乱の模様を見聞してきた高杉に今後の対策を求めた。

そこで1863年（文久3）6月、高杉はこれまでの武士階級だけによる常備軍とは別に、兵力の増強をはかるため、身分を問わず「有志者」を集めた新しい軍隊を結成するように提言する。これはまさしく師・松陰の「草莽崛起《そうもうくっき》」の思いであった。この提言により新たに編制されたのが奇兵隊である。

奇兵隊は武士階級と庶民階級が半々からなる混成部隊であった。ただ袖印（肩章）によって出身身分がわかるようにされていただけである。

奇兵隊は結成後間もなく隊員が３００人を超えたため、軍を統制する上でこれ以上の増員は好ましくないとの判断から、奇兵隊と同様の性格を持つ各諸隊が編制された。

■主な長州藩諸隊

・奇兵隊　・力士隊　・遊撃隊　・御楯《みたて》隊　・第二奇兵隊　・鴻城《こうじょう》隊

・南園《なんえん》隊　・八幡隊　・集義隊　・義勇隊　・亀山隊　ほか多数

この各諸隊は武士の家格を重んじる正規軍以外であり、個々の能力と適性による有志の集団で、指揮命令下で動く近代的な組織であった。藩から武器や俸給の支給を受け、最新鋭の銃装備と西洋式の軍制で統制され、のちに新政府軍の精鋭部隊へと成長していくのである。

これで晋作は藩の要職・政務座役と奇兵隊総督に公式に任命される。そしてことごとく破壊された砲台を攘夷の志士らにより急速に整備を進め、海峡封鎖を再開する。しかし、その後外国艦からの砲撃はなく、戦う機会はすぐには訪れなかった。

薩英戦争と政局の動向

長州で高杉晋作が奇兵隊の結集を呼びかけていた頃、薩摩藩はイギリス艦隊と交戦の覚悟を決め、その準備段階に入った。1863年（文久3）6月27日、生麦事件の賠償と犯人処罰を迫って鹿児島湾に進入したイギリス艦隊7隻に、7月2日、海岸に配備した八十余の砲台から薩摩側が次々と砲撃を加え戦いが開始された。イギリス側も最新鋭のアームストロング砲（射程距離4キロ）が市街地に着弾し炎上したが、戦死者の数ではイギリス側の方が多かったという。結局長期戦に備えがなかったイギリスが7月4日には艦隊を引き揚げ、戦いが終わる。互いに相手の強い意志を知り、薩摩は攘夷から開国へと政局を転換させることとなる。

この頃、京都では朝廷内の攘夷強硬派の公家と長州藩は諦めることなく攘夷実行を画策していく。長州藩と意を共にした公家の三条実美らは孝明天皇の大和への行幸を計画する。つまり天皇が初代・神武天皇陵に参拝し、朝廷の主導による攘夷で諸藩に行動させようとした。しかし、これに不審を感じた京都守護職の松平容保は、裏で工作していう長州藩を危険視していた。

薩摩も朝廷への発言権を握るためには長州が邪魔な存在だった。こうして会津と薩摩は長州に対し、陰謀を画策していく。

1863年（文久3）8月13日、天皇の大和行幸の詔が発せられる。するとこれに呼応して大和で土佐脱藩浪士らを中心に天誅組が挙兵する。天誅組は天領（天皇直轄の領地を幕府が直轄領地としていた）の五条の代官所を襲撃して蜂起した。さらに但馬の生野でも同様に攘夷派が農民らと共に挙兵し、生野代官所を占拠するが、周辺の諸藩の討伐隊が動いて鎮圧していった。

八月十八日の政変

1863年（文久3）8月18日、政変はまだ夜も明けない早朝に起きた。京都守護職の松平容保（会津藩主）と佐幕（幕府保守）派の公家らが宮中に参内すると、御所の周辺は会津藩兵（1000名）と薩摩藩兵（150名）で固められた。大和行幸の準備を進行していた攘夷派の公家・三条実美らと長州藩（1000名）の桂小五郎（木戸）、久坂玄瑞らは全くこの政変を察知しておらず、すでに気付いた時、御所には近づくこともできず、これまで担当していた堺町御門の御所警備から外されていた。

兵力の数では互角であったため、長州藩内では「交戦すべし」と一部の声が沸いたが、結果的には都での戦火を避け自重し、命令に従い東山の妙法院に退去し、戦うことなく長州藩は京から追放される。また長州藩と意を共にしていた三条実美ら攘夷派7人の公家衆も、久坂玄瑞らの護衛で雨の中を徒歩で長州へと都を落ちていった。これが八月十八日の政変で「七卿落ち」ともいわれている。

これを機に長州藩内では政治勢力の回復方法が二分する。武力で京都の再制覇を目指そうとする過激派と、周布政之助や高杉晋作らの慎重派で、過激派の声が次第に強まっていった。その武力復権派（過激派）中心人物の鬼と呼ばれた遊撃隊総督の来島又兵衛（49）が今にも京へ進軍しようと兵を集めている。

しかしその一方、当時の高杉晋作は奇兵隊総督を辞退し、その代わりに新たに160石を与えられ、藩主の側近中の側近である奥番頭に弱冠25歳で大抜擢されていた。

1864年（元治元）1月、高杉晋作は藩主・毛利敬親の命を受けて来島又兵衛を訪ねる。又兵衛からすれば息子ほども年下の晋作は小僧同然だったのだろう。

「この臆病者。新しく手に入れた160石が惜しいのか」

又兵衛が晋作に言ったセリフである。藩主の言いなりになって説得に来たと思いこみ、晋作の言葉に耳も貸さない。そこで晋作は京の情勢に詳しい桂小五郎（木戸）の意見に従うことを提案する。又兵衛もこれに同意すると、その足で晋作は桂のいる京へ向かった。

しかし、この勝手な上洛を脱藩とみなした長州藩は晋作を投獄させる。晋作と同じように「挙兵に反対」する桂（木戸）の意見が又兵衛に届くはずもなく、過激派は着々と軍備を整えていった。これが時の流れの恐さなのだろう。いずれこの動きが「禁門の変」へと向かっていくのである。

池田屋事件

京都では、八月十八日の政変で長州藩を京都から追放した会津藩と薩摩藩を中心とした公武合体派が朝廷の主導権を握った。しかし、その後主導権争いが起こり、政治的混迷が深まっていく。

これで尊攘派はふたたび巻き返しを図ろうと、主に長州・土佐・肥後藩の志士らが秘かに動き始める。

この尊攘派志士たちの動きに神経を尖らせていたのが、京都守護職の松平容保や京都見廻組（諸藩有志）、会津藩配下となった新選組ら京の治安維持を任された組織であった。

1864年（元治元）、祇園祭を控えた6月5日早朝、新選組は以前よりあやしい人物として目をつけていた四条寺町の炭薪農（武具商）・桝屋湯浅喜右衛門を屯所に連行した。新選組副長・土方歳三の苛烈な責めに、桝屋はついに尊攘派志士の古高俊太郎だと自白する。しかも強風の日をねらって御所の風上に火をつけ、火災の混乱に乗じて公武合体の中心人物・中川宮朝彦親王と松平容保を暗殺し、孝明天皇を長州に連れ出すという計画も自白させた。その証として古高俊太郎の店から多くの武具類を没収したとして、所司代と奉行所に届け出るが、これはどうも攘夷派志士を追い詰めるための偽りの報告だったようである。

古高俊太郎捕縛の知らせはその日のうちに志士たちの知るところとなり、今後の策を協議するために、その夜、三条河原町にある旅籠の池田屋に三十数名が集合した。長州からは松陰門下生の吉田稔麿、有吉熊次郎、広岡浪秀（藩士・神職）等。吉田は門下生四天王のひとりで、桂小五郎（木戸）と共に尊攘派の首脳でもあった。

その頃松平容保は、諸藩から兵を募り尊攘派のあぶり出しへと動く。しかし、新選組にはこの統一行動への指示が届かず、隊長近藤勇《いさみ》は隊を二分し、独断で御用改めを開始していった。午後10時すぎ池田屋の扉をたたき、扉を開けるやすばやく2階へ駆け上がる。2時間に及ぶ大乱戦で広岡は闘死。吉田と有吉は脱出するも、吉田は傷が深く死を悟り自刃。有吉は運よく長州藩邸に逃げ込み命拾いをしている。

この事件で尊攘派の志士は9人死亡、23人捕縛となり、政局の巻き返しは失敗に終わった。逆に公武合体派の結束が強まり、治安維持に貢献した新選組の勇姿が知れわたることとなる。なお桂小五郎（木戸）は遅参したともいわれているが、たまたまその場にいなかったため、難を逃れた。

禁門（蛤御門《はまぐりごもん》）の変

八月十八日の政変後、長州藩への風当りは厳しく、藩主・毛利敬親、元徳《もとのり》親子の京都への入京が禁止され、長州藩士の御所入所も禁止となった。久坂玄瑞や入江九一らは京に滞在し、長州藩士に同情的な水戸藩などに赦免の働きかけを細々と行っていたが、朝廷側も過激行動を嫌って幕府寄りとなり、厳しさが増していった。ただ京の人々の中には長州藩に心寄せる者も少なからずいた。

１８６４（元治元）６月12日、池田屋事件の報らせが、大楽源太郎によって長州藩にもたらされると、その夜、京都の長州藩邸で目付役の能野清右衛門と池田屋から脱走した有吉熊次郎が藩に帰省し、翌13日、長州藩政事堂で事件の詳細が語られた。吉田稔麿らの死が知らされると、京都へ向けての出兵を望む声を止められず、ついに益田右衛門介、福原越後、国司信濃の三家老が出兵を決定する。

６月16日、まず福原隊４００余兵が出兵。26日、国司隊８００余兵が出兵し、７月

9日、京都南西の山崎で福原隊と合流する。そして11日、京都・西嵯峨の天龍寺に入る。益田隊も13日大坂に入り、14日山崎の対岸橋本に至る。山崎はかつて豊臣秀吉と明智光秀が天下分け目の合戦を行った場所で、大坂方面から京都盆地に至る玄関口にあたる要地である。さらに来島又兵衛、久坂玄瑞らの部隊も伏見の長州藩邸に到着した。17日、長州藩の諸将は京都南西部の男山に集まった。軍勢は増強され、総勢3000兵にもなったというが、幕府側の兵力は長州の10倍以上であった。

この頃薩摩藩は幕府の出兵要請を拒絶していたが、後に幕府側に関与し長州征討へと工作を始めた。いずれこの関与が薩長同盟を鈍らせることとなる。

久坂玄瑞らは朝廷・公家衆や諸藩に処分撤回を請願し接触を試み、この時点でも和解の糸口を探していた。そして毛利元徳の本隊の到着を待っていた。

7月18日、長州藩はついに本隊の到着を待たずに実力行使を決行する。夜中に伏見、嵯峨の天龍寺、山崎の各陣所から、御所をめざして進撃を開始していった。この時従軍した長州藩の農兵は「砲声は山谷に響き、銃声は市中に轟き、天地も崩れるかと思うほどであった」と当時の激しい戦いを記している。

19日朝、国司隊と来島隊が嵯峨の天龍寺から蛤御門へ到達すると、会津藩兵が立ち向かう。会津藩の援軍には筑前・桑名・津のそれぞれの藩がいて、最初は長州軍が優勢であったが、西郷隆盛率いる薩摩勢が加わると長州軍は一気に劣勢となる。ついに長州の武闘派の鬼と呼ばれた来島又兵衛が深手を負い自刃し、総崩れとなった。

また松下村塾一門の双璧・久坂玄瑞が御所付近の鷹司家の屋敷に立て籠り、もはやこれまでと悟り自刃。一門の四天王・入江九一、池田屋で命拾いした有吉熊次郎、寺島忠三郎、阿座上庄蔵の門下生5名が命を落とす。

伏見方面から進軍した福原隊も伏見街道で大垣藩兵と交戦したが、こちらも敗退している。兵力から比べてもあきらかに勝ち目はなかった。にもかかわらず御所へ向け発砲し、京の市中に火を放った長州は朝廷や庶民にも恨みをかってしまった。7月20日、敗戦の報せを受け、毛利元徳本隊は途中で帰還する以外になかった。

この数日後、天龍寺で藩主・毛利父子の軍令状が発見されたことから、朝廷による追討令が発せられ、長州は「朝敵」にされてしまう。高杉晋作や桂小五郎（木戸）の忠告に耳を貸さなかった過激派の怒りにまかせた行動の末路だった。幕府はこの際目障りな長州藩を討伐しようと動き出していく。

なお有吉熊次郎の曾孫となる作家の有吉佐和子は、「熊次郎は留学中であったため、禁門の変には参加せず53歳で死去」と語っているとのこと。真実は果して？である。

第一次長州征討と馬関戦争

禁門の変で敗れて「朝敵」とされた長州藩は、さらに下関（馬関）海峡の外国船砲撃で、その報復を目前に最大の危機に直面していた。

1864年（元治元）7月23日、長州藩追討の朝令が出され、幕府は21藩から15万の兵を集め長州征討へ向け、8月2日出陣命令を出す。しかし広島藩や鳥取藩は長州に同情的で、他藩も多額の出費を伴う出陣命令には消極的な藩が多かった。幕府も総督選出に手間取り依頼された尾張前藩主・徳川慶勝は武力討伐には消極的といわれ再三固辞したが、結局、全権を委任するという条件付で総督を引き受けた。参謀を務めた薩摩の西郷隆盛は出陣の折、大坂城で幕臣・勝海舟と会談を持ち、「今この時期に必要なことは内乱の愚行を止め、挙国一致で諸外国との交渉を優先することだ。長州藩への処罰を軽くし、戦わずして事を収めるように」と提唱され、大坂を発つ。

幕府の出陣命令が出されたちょうどその頃、昨年5月の長州藩外国船砲撃への報復として、イギリス、アメリカ、フランス、オランダの四国連合艦隊17隻が関門海峡を目指していた。幕府の禁を破ってイギリスに密航しロンドン留学していた「長州ファイブ※」の5人が長州報復のニュースを新聞で読み、伊藤博文と井上馨が急きょ6月に帰国する。江戸沖に停泊していたイギリス艦隊の公使・オールコックと面会して砲撃の中止を懇願し、イギリス艦船で長州に送迎され、戦闘を回避すべく時間を費すも結果的に失敗に終わる。

8月5日午後4時10分、軍艦17隻の四国連合艦隊が下関の砲撃を開始した。長州藩は赤根武人を指揮官に奇兵隊およそ2000人を関門に派遣したが、大砲はわずか100門余り。禁門の変の敗北で正規兵も弱体化し意気は上がらなかった。今回も海峡沿岸の砲台はことごとく粉砕され、彦島の砲台群も破壊され、列強の近代兵器の威力を思い知らされる結果となり、長州藩はさらなる軍備力増強へと促されていく。

※幕末に長州藩からヨーロッパに留学した井上聞多（馨）、遠藤勤助、山尾庸三、伊藤俊輔（博文）、野村弥吉（井上勝）の5人（長州五傑）のこと。2006年「長州ファイブ」のタイトルで映画化された。

馬関戦争の処理

四国連合艦隊に敗れた長州藩は講和を行うため藩内で会議が行われ、清国の二の舞にならぬようにと講和使節の総督大使に高杉晋作が任命される。ただ藩の重責者としては身分が軽すぎたため、藩の筆頭家老・宍戸氏の養子で次期家老職・宍戸刑馬という仮の名で交渉に当たった。

1864（元治元）8月8日、宍戸刑馬こと高杉晋作と副使2名に加え、通訳として伊藤と井上が小舟に白旗を揚げ、イギリス艦「ユーリアラス号」に乗り込んだ。高杉はこの時相手を威嚇するため、萌黄色の鎧直垂《よろいひたたれ》に金の装飾の赤い陣羽織に烏帽子を被り金の軍扇を持つという派手な出立ちであった。晋作の最たる奇抜な思いつきであった。なによりも伊藤と井上のロンドン留学成果の英語力ですぐさま講和交渉に入り、事態の収拾を担うことが出来たのは大きかった。

幕府側には賠償金として300万ドルが要求されるが、長州藩は海峡の外国船自由通航だけは認めたものの、賠償金や彦島の租借要求には「攘夷は幕府の方針に従っただけだ」として毅然とした態度で拒絶する。慌てふためく幕府とは違い、大任を見事に果たした3人は長州藩を救った。

しかし朝敵とされた長州藩内では、幕府に謝罪して一旦難を逃れようとする慎重派とあくまで武闘体制を維持すべしとする強硬派の対立が深まった。慎重派は主に上流武士が多く、強硬派は松陰門下生が中心だったが、禁門の変や馬関戦争の相次ぐ敗戦で強硬派の論が退けられると、9月、尊王攘夷の舵取り役として藩政を担った周布政之助が責任を負わされ自害する。周布の思想はあくまで対外危機にあり、伊藤、井上ら「長州ファイブ」を海外留学させ近代技術を習得させようとしたことからも、決して熱い攘夷論者ではなかった。

15万の征討兵による長州攻撃を目前にして、幕府軍参謀の薩摩・西郷隆盛が幕臣・勝海舟の助言を重く受け止め、長州征討中止令を出す。しかし禁門の変の責任を取る形で、11月2日、宍戸左馬之介ら政務員（4人）が野山獄で斬首させられる。11日、家老・益田右衛門介が徳山惣持院にて切腹。同日、23歳の若き家老・国司信濃が徳山・澄泉寺にて自害する。続いて12日、尊王攘夷の中心的存在だった永代家老・福原越後が岩国の竜護寺にて自害。この3家老の首級は征長総督の本営が置かれていた広島に届けられた。19日、長州藩の支藩・岩国藩主・吉川監物が総督府に招かれ降伏条件が告げられる。

条件は左記の内容であった。

・藩主の伏罪書を提出すること
・山口の政事堂を破却すること
（日本海側の萩を居城としていた毛利家は、幕府に無断で交通に便利な山口に政庁を移転していたことから、「城」ではないと主張し「政事堂」と名付けていた）
・長州にいる五卿（「七卿落ち」の1名は一行を離れ、1名は病死）を筑前に移すこと

※「政事堂」の破却は瓦の2、3枚を壊す程度の形式的なことで済んでいる。

12月27日、征長総督府は撤兵令を発した。総督徳川慶勝は広島を出発し、大坂へ向かう。幕府軍総勢15万の兵も諸藩へと去っていった。ここに第一次長州征討は戦闘を回避し終結する。

これ以後長州藩は、ロンドン留学から帰国した伊藤・井上の見聞により海外の技術や武器を積極的に取り入れ、外国人排斥の攘夷を目指していた強硬派は、討幕へと方針を転換していくのである。

高杉晋作・功山寺挙兵

1864年(元治元)10月、長州藩の慎重派と幕府軍の間で降伏をめぐる政治交渉が続けられていたその最中、奇兵隊に解散命令と晋作に捕縛命令が出され、身の危険を感じた高杉晋作は萩の自宅座敷牢から脱出し、ひとまず博多に潜伏する。しかし3家老と政務員の死に憤り下関に帰ると、12月15日夜、晋作は先の禁門の変で生き残った遊撃隊を率い、長府の功山寺で決起した。それに伊藤博文の率いる力士隊が加わるも、その数わずか84名であった。

当時この功山寺には禁門の変で京を追われた尊攘派の公卿が身を寄せていた。長州藩に味方した結果、失権した彼らに晋作が「これより長州男児の腕前をお目にかけ申す」と言い放ったのはこの時だった。

功山寺を後にした晋作ら84名はまず支藩・長府藩の領内にある萩藩直轄地だった下関新地会所を襲撃し、西日本の経済と交通の要衝を真先に制圧することに成功する。

下関を攻略した晋作はすぐさま20名の決死隊を率いて長州藩の海の玄関口といわれた瀬戸内の三田尻（現・防府市）の海軍局を傘下に収め、徐々に藩内の幕府恭順となった藩士らを追い込んでいく。この晋作の快進撃は形勢をうかがっていた奇兵隊ら各諸隊を動かすには十分な説得力があった。

1865年（慶応元）1月初め、伊藤博文の手による檄文「幕府に媚び、正義の士を幽殺する恭順藩士を討つべし」の高札が市中に立つと、これに奇兵隊ら各隊が応え、次々と決起軍に合流を始めていく。その中に松陰門下生の山県有朋もいた。当時有朋は奇兵隊軍監であり、当初は決起に反対した手前、今さら参加するのも気が引けていたが、晋作は有朋の加勢を大いに歓迎した。

「時には意見が食い違ってたとしても、松陰門下生の志は同じ」という意味の歌を有朋に送っている。

晋作の奇兵隊は能力重視で身分は問わず庶民であっても入隊を拒まず、戦国時代のように有事の時だけ戦兵ではなく、藩の統制下に置かれた常備軍で十分な給料や武器も藩から支給されたため、庶民らも憧れて参加希望し集合する。こうして新たに結成された決起隊は3000人にも膨れ上がり、決起軍にまとまり、ついに恭順藩士らとの直接対決を迎えることになっていった。

1月6日、ついに伊佐村で決起軍と恭順藩士（1000人）が開戦の火ぶたを切った。藩士の中には射撃の専門部隊もいたが、西洋式の銃を装備し、大村益次郎の指揮のもと、軍事力強化を鍛錬した決起軍の相手ではなかった。藩士隊の多くは旧式の火縄銃で撃つのにも時間がかかり、雨が降れば使い物にならず、まして1月の吹雪の中での死闘の勝敗は明らかだった。

絵堂（現山口県美祢市）の開戦を皮切りに、藩士隊の本陣だった萩南部の各地で決起軍が進軍していった。さらに晋作が送り込んだ分隊と三田尻で藩から奪い取った3隻の軍艦を萩沖に配備し、決起軍はついに激戦を制し萩奪還に成功する。

その後、藩主・毛利敬親に停戦へ向けた建白願いが申し出されると、吉田松陰の実兄・杉民治の止戦願いを聞き入れた毛利敬親は2月22日から24日にかけて家臣団すべて参拝のもと、告文を納め藩内擾乱の罪を謝すとする祭祀を行い、長州藩の内戦を終結させる。

この時決起軍として奇兵隊に集結した若者の多くは、関ヶ原の合戦後、長州藩で武士を捨て農民として暮らさざるを得なかった元家臣の子孫が主力だったといわれている。積年の恨みを晴らす思いであった。これにより藩内では旧来からの身分制度が崩壊し、次第に互いが共存し合う集団となっていくのである。

西洋軍制の導入と薩長同盟

1865年（慶応元）3月23日、長州藩の内部交戦終結後、藩主・毛利敬親は7ヶ条の藩の基本方針を示す。その内容は「武備恭順」、つまり幕府には恭順を示しつつも、もし攻撃を受けた時は武力で戦うというもので、まだこの時点では討幕論が決定的に確定したものではなかった。この時なぜか高杉晋作はイギリス渡航計画を企てる。ロンドン留学した伊藤、井上に刺激を受け、近代国家とやらを見たかったのだろうか。しかしイギリス商人グラバーに反対され、逆に一刻も早く下関を開港するようにと依頼される。しかしこれには長府藩が激怒し、命を狙われた晋作は四国へと逃亡する。

これより長州藩は京都に潜伏中だった桂小五郎（木戸孝允）が呼び戻され、桂を中心とした体制を発足させる。長州軍も大村益次郎が改めて西洋式に再編制し、奇兵隊も正規軍に組み入れ新体制を整えていく。

4月、幕府は第一次長州征討の処置が寛大に過ぎたとして、再び長州征討を諸藩に命じるが、各勢力の思惑が複雑にからみあって、なかなか進展しない。

長州藩は桂（木戸）を用談役に置き、5月27日、公明正大の大義をもって幕府と応接するも、幕府からもし攻撃をしかけられた時には決戦を覚悟する、という基本方針を立て、民政軍政の両改革を行うことを決定する。

この方針のもと、軍事改革の最高責任者である大村益次郎は、武士出身の有志で結成された干城隊《かんじょう》を中心に従来の家臣団、奇兵隊など全諸隊への西洋軍制の導入を徹底化し、新しい組織へと再編制した。これは旧体制との完全な決別であったといえる。

しかし、長州藩は国内において孤立した立場で汚名返上もできない現状であり、幕府に対抗するためには西洋式武器が多数必要だったが、幕府から反乱軍とされていて諸外国から表立って取り引きができない状況であった。

この頃薩摩の西郷隆盛は幕臣・勝海舟に雄藩の勢力で日本を指導するように諭され諸藩連合の指導体制を画策していたが、一橋慶喜や松平容保らは雄藩勢力の伸長を嫌い、薩摩の立場は希薄となり、幕府内で次第に孤立化していった。

8月になるとますます西郷は幕府の無能ぶりに反発を強め、このままでは西洋列強につけ込まれかねないと危機感を抱き、大久保利通とともに有力な他藩との連携を模索する動きをみせていく。

長州藩首座についた桂（木戸）らも幕府に対抗する同志として薩摩を選択のひとつと考えてはいたものの、禁門の変での手痛い敗北や薩摩による長州征討などで、藩内では仇敵だった相手と同盟を結ぶには否定的な声が多かった。

そこで9月8日、長州藩主・毛利敬親、元徳父子は、ひとまず薩摩藩主・島津久光、忠義父子に書簡を送り、両藩のこれまでのわだかまりを捨て、皇国のため勤皇の正義を確守することを依頼した。これにより、両藩の接近が可能となっていったことはあまり知られていない。こうした中、四国の高杉晋作にも薩摩からの使者が接近するが、責任ある立場でないとして全く相手にはしなかった。

同じ頃、土佐脱藩浪士の坂本龍馬や中岡慎太郎が桂（木戸）のもとを訪ねて同盟締結へ向け説得するも、西郷にさんざん待たされたあげく両者の会見は実現しなかった。その後、晋作のもとに薩摩藩士が正式な使者として現れると、晋作は今こそ時機到来と判断して、「桂さん、お主の意地で長州を潰すのか」と西郷に不信感を抱く桂を説き伏せ、同盟締結へと送り出す。

1866年（慶応2）1月21日、薩摩藩家老・小松帯刀邸にて長州・桂（木戸）と薩摩・西郷、小松の間に坂本龍馬が立ち会い、ここに薩長同盟の密約が成立する。

これにより外国からの武器購入が禁止されていた長州藩は、薩摩名義でゲベール銃よりも命中率の高い最新銃ミニエー銃（椎《しい》の実弾を使う前装式ライフル歩兵銃）を手に入れることができ、薩摩はそのかわりとして長州から兵糧米を送られ、これから先互いに倒幕へと進んでいくのである。

1月22日、幕府は天子の裁可を得て、長州藩に対し、10万石の減封、当主敬親の蟄居隠居などの処分を正式に決定。14代将軍・徳川家茂の名のもとに、2月23日、処分を受け入れない場合は征討すると公布し、西国32藩の大名に出兵を命じた。

長州藩は幕府の処分伝達に対し、受け入れを拒否。こうして互いに準備が整った幕府軍とそれを密かに迎え撃つ長州軍との交渉は決裂する。

第二次長州征討（四境戦争）

幕府側からすれば第二次長州征討であるが、長州側では4方面から攻撃を受けたため「四境戦争」と名付けている。1866年（慶応2）4月14日、薩摩藩は薩長同盟により、長州征討戦への出兵を正式に拒否する。

幕府は山陽道（芸州口）、山陰道（石州口）、瀬戸内海（大島口）、関門海峡（小倉口）の4方向から総勢15万で攻撃の計画を立てた。これに対し長州軍は4000人の兵力で、40倍弱もの兵力の差から、当然征討軍（幕府軍）の圧勝だと思われていた。しかし、幕府の知らぬ間に長州藩は軍艦と新式のミニエー銃を備え、対幕府戦に堅実な準備を整えていた。すべてこれらは薩長同盟のおかげであった。

6月7日、四境戦争の戦いは、瀬戸内の大島口で幕府の軍艦からの発砲で始まった。無差別の砲撃を受け、征討軍の歩兵の上陸で島全体があっという間に占領された。長州はもともと大島を放棄する予定であったため、兵力も装備もさほど重点をおいてはいなかった。しかし、島民からの惨状を聞き、兵の士気の低下を恐れた高杉晋作が急遽グラバーより調達された軍艦「丙寅丸《へいいんまる》」で大島口へと出撃する。晋作が着流しに扇子一本という軽装で甲板に立つと、部下達は驚きをかくせなかった。

これは勝利を確信していたからの演出であり、その秘策があった。

幕府の軍艦4隻が大島の東海岸・久賀沖に停泊し眠りについた12日夜中、丙寅丸が音をたてずにそっと敵艦の間に割って入り一気に砲撃を開始した。石炭を燃料とする蒸気機関で動く当時の軍艦は始動までかなりの時間を要したため、蒸気を起こす間もなく慌てふためく幕府艦を尻目に、丙寅丸は一方的に次々

第2次長州征討（1866年）

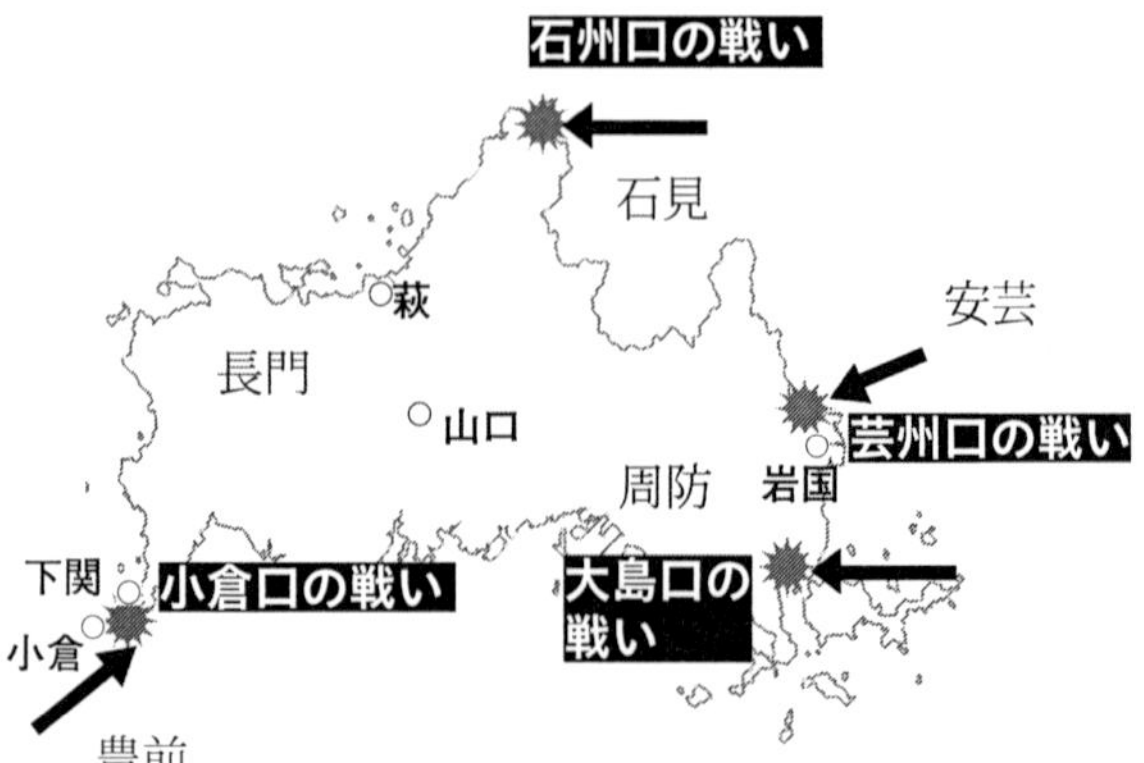

白地図 © 旅行のとも、ZenTech

と砲撃し暗闇の沖へと立ち去っていった。この時「丙寅丸」は丸に十文字の薩摩の旗を揚げ突撃したため、幕府軍は大混乱におちいったともされている。

幕府の軍艦にそれほどの大きな損傷はなかったものの、夜襲による精神的ダメージはあまりにも大きく、16日、第2奇兵隊が西蓮寺本陣から進軍して攻撃を加えると、征討軍は周防大島から四国・伊予へと撤退していった。


次に激戦となったのは山陽道で、広島藩との藩境の地（芸州口）だった。6月14日、幕府・征討軍2万兵が夜明けとともに芸州との境界の小瀬川を渡って攻め込み、芸州口での戦闘が開始される。ただ広島藩はどちらにも組しない中立的立場をとった。

迎え撃つ長州軍は遊撃隊・御楯《みたて》隊・集義隊・膺懲《ようちょう》隊の1000人の兵士が身軽なズボンと靴の軍服で集合。これまでの集団的戦闘ではなく一人ひとりが広く散開し、射撃しながら前進。最終的には一斉に突撃する近代歩兵戦術で優勢な戦いを繰り返す。一方、征討軍は陣笠にはかま姿の旧式装備だった。

長州軍が主に使用したのは新式ライフル銃「エンフィールド」で、「ゲベール」「ミニエー」よりも先端が尖った長円筒形の弾丸で、射程距離が長く弾道も安定し命中率も格段に高かったが、戦いは50日間も続く激戦となった。最終的には中立的立場の広島藩が割って入り戦いを終え、結果的に幕府側の自滅となった。

6月17日午前5時、大島口に続いて高杉晋作が指揮を執る関門海峡で小倉口の戦いが始まる。久留米、熊本、柳川などの九州諸藩の幕府連合軍5万兵に対し高杉晋作は、丙辰丸、癸亥《きがい》丸、丙寅丸、庚申丸4隻の藩船を率い、烏帽子に直垂姿で持参のひょうたん酒をあおり、カリスマ性に磨きをかけていた。晋作の要請を受け、坂本龍馬が長崎から「乙丑《いっちゅう》丸」（ユニオン号）でかけつけ合流。5隻が門司に向け艦砲射撃をしかけると、前田、壇之浦台場

第二次長州征討ー小倉口の戦い

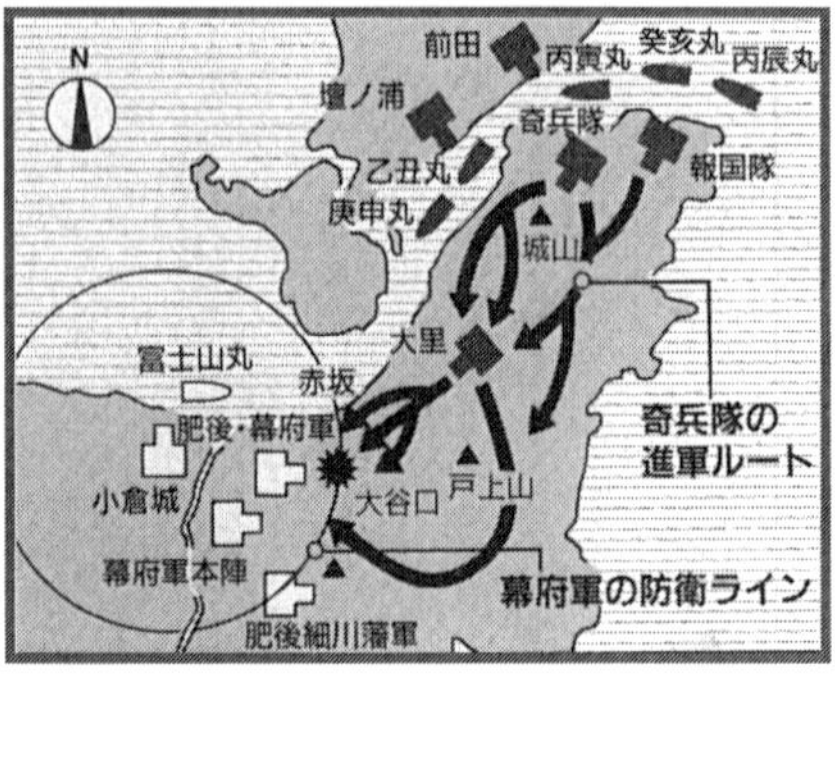

出典『ビッグマンスペシャル　歴史クローズアップ　徳川慶喜　幕末の群像と最後の将軍の野望』（世界文化社）

からも砲弾を放つ。

陸上では、山県有朋率いる奇兵隊や報国隊は最新銃「エンフィールド」を使用し、戦闘も洋式に統一されていた。従来通り旧式装備の幕府連合軍が勝てる相手ではない。長州軍は、田ノ浦と門司を占領すると深追いせずにひとまず下関に引き揚げる。

7月1日、幕府は当時東洋最強といわれていた軍艦「富士山丸」を回航させてくるが、晋作は民間船に大砲を積み奇襲をしかけ、「富士山丸」に損傷を負わせ逃走させることに成功する。7月3日、長州軍は2回目の戦闘を開始する。晋作の指揮のもと大里に攻め込み激戦の末に攻略し、占拠する。この頃から晋作は結核に蝕まれ、体調の悪化が目立ったが、喀血しながらも指揮を執った。

7月27日の小倉攻撃の前に坂本龍馬と薩摩が「この戦さは徳川家と毛利家の争いにて他藩には関係ないところ」との調略で風評を流すと、九州連合軍は前線から撤兵していった。小倉藩兵も奇兵隊と報国隊に押され小倉城へと撤退。そこで、14代将軍・徳川家茂が幕府軍敗北の失意の中、7月20日に20歳の若さで大坂城にて病死した旨の報告を受けると戦意を失い、自ら小倉城に火を放つという苦渋の決断を下し落城する。小倉口の戦いも長州軍は勝利する。

最後に残った山陰道の石州口での戦いは、幕府征討軍3万兵に対して長州軍1000兵。療養に入った高杉晋作の代わりに大村益次郎が戦闘を指揮する。幕府軍の中でまず津和野藩の亀井家は開戦早々から長州側に味方することを明らかにしていたため、実際幕府軍で戦う意志を示したのは福山藩と浜田藩だけとなった。

しかし実戦を行ってみると、決定的な装備の違いに戦意を失った福山藩の兵士はたちまち逃げ出し、浜田藩も無益な戦いはしたくないと止戦交渉を申し出る。ただ幕府の命にも背けないとの理由で浜田城に火を放ち、表向きは戦ったように見せかけて落城させた。

徳川宗家の継承者と目されていた一橋慶喜は9月、幕府の幕臣・勝海舟に休戦協定を締結させ、第二次長州征討の戦いが終局となる。この結果、朝廷も幕府も権威を失墜させたと同時に、世間の長州藩への同情と共感をうながし、長州はその後の政治的立場を有利にさせていくこととなるのである。

討幕の密勅と大政奉還

1866年（慶応2）、第二次長州征討が終わり、12月5日、15代将軍となった徳川慶喜（30）はその後始末問題で、島津久光（薩摩）、伊達宗城（宇和島）、松平春嶽（越前）、山内容堂（土佐）の5名で、四侯会議を開く。慶喜の課題は、①フランスと連携し軍事改革をする、②兵庫開港の勅許をはかる、③幕府の主導権を確立する　ことだったが、薩長同盟のもと長州藩処分の軽減を主張する薩摩の島津と将軍・慶喜が衝突。土佐の山内容堂はあくまで公武合体の立場を崩さずに終えた。会議は幕府の立場を弱くするものだった。

12月25日、幕府が兵庫開港の勅許を得られないまま孝明天皇が崩御する（享年36）。死因は「出血性悪性痘瘡」とされたが、急変死去の発表が4日後で、死因に不審感が出るほどだった。翌1867年（慶応3）1月、明治天皇が弱冠16歳で即位すると、このすき間を縫って将軍・徳川慶喜が朝廷の許可なく雄藩諸侯や朝廷内部を説得し、兵庫港の開港を認めさせた。
この開港の勅許は討幕派にとって、将軍の圧力で幕府の勢力を回復させる存在となりはしないかとの恐れがあった。

すでに討幕への志を持つ長州藩は広島藩と同盟を密約するまでになっていたが、薩摩藩内ではいまだ討幕に向けて反対派も多く、討幕への意志固めには至っていなかった。そこで薩摩の西郷・大久保や長州の桂小五郎（木戸）を中心に、朝廷による政権掌握を目指す公家・岩倉具視らが討幕の勅令を得ようと猛烈に朝廷工作をしていった。

10月13日と14日、朝廷はついに薩摩藩と長州藩に対し、討幕の密勅を与える。しかしこの密勅は天皇自らの印がなかったため偽書の疑いが生まれることとなるのだが、この密勅を長州藩は桂（木戸）の代理人である広沢真臣、薩摩藩は大久保利通が国元にそれぞれ持参すると、薩摩藩は一気に討幕へと藩内が結束していった。
土佐藩でも、藩主・山内容堂は公武合体を主張していたが、藩内で佐幕派と尊王派の対立が起きた。しかし藩主側近の後藤象二郎が坂本龍馬の「船中八策」による大政奉還の案を容堂に伝えると、すぐに幕府へ建白書を提出し、討幕へと舵を切った。土佐藩と連絡していた広島藩も土佐同様の意見書を提出する。その主な内容は徳川は政権をひとまず朝廷へ返上し、改めて上下の議会を設けて政治を行うというものだった。いわゆる公議政体体制といわれる案である。慶喜はためらうこともなく了承する。政権を朝廷に返上したとしてもどうせ再び政権は徳川に戻り、今よりすっきりした形となるだろう。慶喜は薩長のあわてぶりが見てみたかった。

10月13日、討幕の密勅が下った頃、幕府は二条城に10万石以上の藩の代表を招集。40藩の在京代表が集まり、公議政体体制について出席者の賛否を問う。戸惑う者もいたが、意外にも大半が賛意を表わす。さっそく慶喜は翌日14日政権返還をする大政奉還の表文を朝廷に提出し、15日に朝廷は慶喜の申し出を受け入れる。こうして260年余も続いた徳川政権があっけなく幕を閉じた。

龍馬暗殺と覇権争い

四境戦争の途中病に倒れた高杉晋作は、下関郊外の桜山に病気療養のため小屋を建て「東行庵」と名づけ、愛人・おうのとのんびり余生を送っていた。1867年（慶応3）3月、さらに病が重くなり、市街に近い林算九郎の離れへ移され、4月14日、数えの29歳という短い生涯を閉じた。

1867年（慶応3）9月27日、討幕の密勅が長州に届く直前、長州軍は防府に各諸隊が集結していた。薩摩藩と共に京都に進軍する予定であったが、薩摩の軍艦の到着が遅れていた。この頃、東海地方で始まった「ええじゃないか」を連発しながら熱狂的に歌い踊る姿が京都にもあった。

11月15日、そんな京都で四条河原町の近江屋に滞在していた坂本龍馬とたまたま龍馬を訪ねてきていた中岡慎太郎が数名の刺客に襲われた。龍馬は即死。この日は龍馬の33歳の誕生日だった。慎太郎は重傷を負い2日後に死亡（享年30）。

龍馬暗殺は当初、新選組の仕業とされたが、隊長・近藤勇の全面否定で真相は闇のままとなった。土佐の風雲児・革命児は維新を見ることなくこの世を去った。結局、長州、薩摩の京都入りは11月28日となった。

不穏な京都市中では特に親徳川の会津藩と桑名藩が、明治新政府に対し敵意を示した。そのため徳川慶喜は会津と桑名の暴走を止めるため、京都二条城から大坂城へと退却する。親徳川派は慶喜の行動を悲観的にとらえたが、一方庶民は徳川に同情し、公議会議に慶喜も加えることを望む声が日増しに多くなってくる。

そこで旧幕府の早期解体をもくろむ薩摩・西郷はもはや政治的解決は困難だとして一策を講じる。江戸市中への盗賊や火付けなどを江戸藩邸の藩士らに命じ、旧幕府へ挑発をしかけると、江戸見張番役・庄内藩がついに三田の薩摩藩邸を焼き討ちする。これで徳川慶喜もさすがに耐え切れず、新政府との武力衝突を考えざるを得なくなっていった。

戊辰戦争（鳥羽・伏見の戦い）

1868年（慶応4）1月1日（元日）、ついに徳川慶喜は大坂城内から薩摩藩討伐の挙兵を促す。旧幕軍1万5000兵が伏見街道と鳥羽街道に分かれ京都を目指し進軍を開始する。

これに立ち向かう薩長を中心に新政府軍5000兵。長州軍は伏見街道に、薩摩軍は鳥羽街道の鳥羽口で待機していた。

3日、戦いが開始されると四境戦争で戦い慣れしていた長州軍に対し、旧幕軍は戦闘の準備さえ整わず散乱し、本陣営の淀まで敗走する始末だった。

5日、長州藩（山口市）の一の坂川沿いで製作された天皇の印である菊の紋様「錦の御旗」を新政府軍が揚げると、戦局がさらに一変した。朝敵として「逆賊」の汚名を着せられたとして、旧幕府軍で動揺が起きた。しかもその旧幕軍の拠点・淀城がいち早く城門を閉じ、旧幕軍が締め出されてしまった。

6日、津藩が新政府に寝返り、山崎で旧幕軍に向け砲撃を開始。勢いづく新政府軍に旧幕軍は大坂城へと敗走する以外に道はなかった。この夜徳川慶喜は板倉勝静（老中首座）、松平容保（会津）、松平定敬《さだあき》（桑名）ら数名とともに大坂城を抜け出し、秘かに軍艦開陽丸で江戸へと逃げ帰った。それを知った旧幕軍の兵士らは戦う気力を失い、諸藩へと戻っていった。

京都・大坂を制圧した新政府軍は、その後多くの諸藩を新政府軍に取り込むと、2月末、強硬な攘夷派で知られ、特に長州藩と関係が深かった有栖川宮熾仁《たるひと》親王（元皇女・和宮の婚約者）を大総督として、東海道、中山道（甲州道）、北陸道の3方面から江戸に向け進軍していった。この鳥羽・伏見の戦いから明治維新までの一連の戦いを戊辰戦争という。

甲州勝沼戦（新政府VS新選組）

鳥羽・伏見で勝利した新政府軍は錦の御旗を揚げ、官軍として東海道は西郷隆盛（薩摩）、中山道は板垣退助（土佐）、北陸道は山県有朋（長州）、黒田清隆（薩摩）らを総参謀とし、東方へと進軍を開始する。

一方、徳川慶喜は江戸に帰ると戦意を失くし、旧幕臣総裁の勝海舟に一任し、表舞台から身を引き、2月12日、上野・寛永寺の大慈院に退く。寛永寺は江戸城の鬼門を守護する徳川家の祈願所だった。この頃新選組は15日～25日の11日間、半隊ずつで慶喜の警護についている。

局長の近藤勇は京都の伏見戦で右肩を撃ち抜かれた鉄砲傷が未だいえず、統括は副長の土方歳三だった。

近藤勇は甲州城を奪取し、新政府軍をくい止めようと総裁の勝海舟に願い出る。勝は爆裂弾のような危険分子の新選組隊士（70人）を慶喜から遠ざけようとしていたため、すぐにも軍用金5000両、大砲2門、小銃500挺を約束。さらに勝は

100万石を与えるとも言い切った。よほど思うところがあったのだろう。

そこで新選組を改め甲州鎮撫に名を借り、甲陽鎮撫隊とし、隊士70人に595両を支給した。3月1日江戸を発ち、甲州街道を大砲2門を引きながら笹子峠を越え、甲府盆地東端の勝沼に到着。大善寺付近に陣をとり戦うが、新政府軍の相手ではなかった。

その後、近藤勇は下総流山で投降し、板橋刑場で斬首された。首のない胴体は密かに運び出され、三鷹市の龍源寺に葬られている。龍源寺は近藤の生家・宮川家の菩提寺である。一方、副長の土方歳三と残る隊士らは戦鬼と化し、会津へと向かうのである。

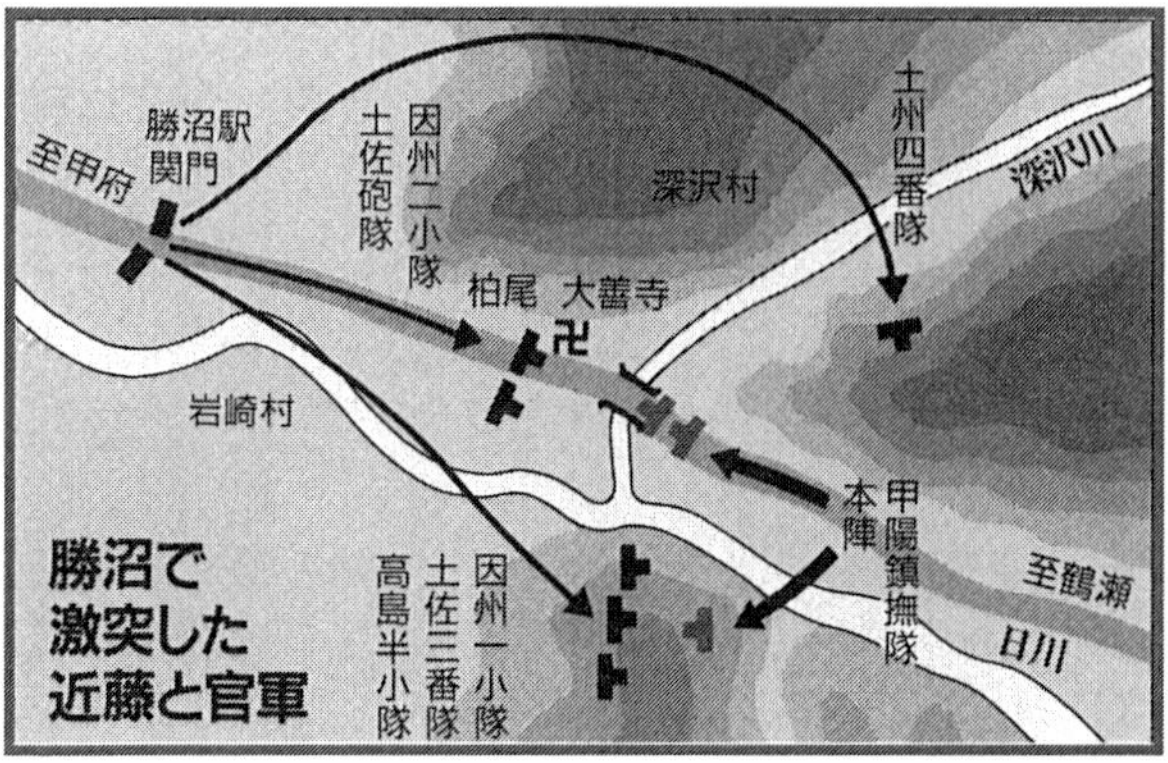

出典『ビッグマンスペシャル 歴史クローズアップ 徳川慶喜 幕末の群像と最後の将軍の野望』（世界文化社）

江戸城無血開城と彰義隊

1868年（慶応4）3月、大提督総参謀・西郷隆盛が率いる新政府軍は駿府まで進行すると、ここで江戸城攻撃を3月15日と決めた。新政府は江戸を武力で制圧することで、新政府の力を誇示したいという意図があった。この時江戸を戦火から救わんと願い、心を痛めている者が2人いた。

そのひとり、皇女・和宮が新政府に対し軍事行動の中止を訴える。そしてもう一人の徳川慶喜が旧幕府総裁・勝海舟に江戸城の開城を前提に会談することを依頼し、勝の使者・山岡鉄舟に託すと西郷もこれを了承する。

3月13日、14日の両日、江戸・薩摩藩邸（港区・三田）で勝と西郷の極秘会談が持たれた。そこで「江戸城無血開城」と「徳川宗家存続」が約束され、江戸市中の戦火が免れることとなる。すでに徳川慶喜は2月12日から上野・寛永寺の大慈院にて謹慎している。

しかし、江戸城開城に納得せず、あくまで戦闘で武士の意地を果たさんとする者も多く、4月11日、徳川慶喜のいる寛永寺に集結。その数1500人までにも膨れ上がっていき、中でも「彰義隊」の名が知れ渡る。

旧幕府海軍副総裁の榎本武揚《えのもとたけあき》も新政府への軍艦引き渡しを拒否すると、海軍の主力艦を率いて蝦夷（北海道）箱館を目指し、共和国を樹立しようと考えていた。

4月11日、江戸城明け渡しの日、慶喜は故郷の水戸へと向かった。

5月1日、上野寛永寺の旧幕府の残党の対応に苦慮していた西郷に、新政府は総参謀を解任。その後任として作戦能力の高い指揮官として長州の大村益次郎が着任する。

5月15日早朝、新政府は総攻撃を開始する。

まず最初、不忍池の手前西側に肥前佐賀藩自慢のアームストロング砲が火を吹くと彰義隊などの旧幕府軍は動揺し混乱する。このアームストロング砲はかつて薩摩とイギリスが戦った時、薩摩城下まで砲弾の雨を降らせた長距離砲だった。さらに大村益次郎指揮のもと、薩・長・肥軍が攻め込むと、わずか1日で攻略。これが東海道方面最大の戦いとなり、結局彰義隊は上野の山で玉砕。新政府が強硬鎮圧に踏み切ったことで江戸の抵抗勢力は一掃されたが、榎本武揚は主力艦を手放してはいない。実際榎本が江戸を脱出して北へ向かうのは3ヶ月後の8月19日のことである。

奥羽・北越両面戦争

関東を制圧した新政府軍は、次に北へと進路を定めた。特に長州藩にとっては京都で久坂玄瑞、吉田稔麿、有吉熊次郎、寺島忠三郎、来島又兵衛をはじめ多くの勤皇の志士を失ったため、会津藩主・松平容保を討つ機会が訪れたと秘かに思ったことだろう。新政府は仙台藩に会津・庄内両藩の討伐を命じるが、仙台藩の動きが遅かった。

そこで奥羽鎮撫総督・九条道孝と長州藩士参謀・世良修蔵らが仙台入りする。仙台藩は世良に対し、戦乱の渦に巻き込まれることを懸念した仙台藩や米沢藩ら奥羽諸藩による会津・庄内両藩救済の嘆願書を提出する。

しかし、世良がこれを拒否すると、奥羽諸藩と新政府の間は嫌悪な流れとなり、4月20日、世良修蔵が仙台藩士に殺害される。九条道孝も仙台城下に軟禁され、これで武力衝突が決定的となった。この時すでに会津藩内には旧幕府の残党や元新選組副長・土方歳三らが集結し、旧幕府勢力の中核となっていた。

■戊辰戦争

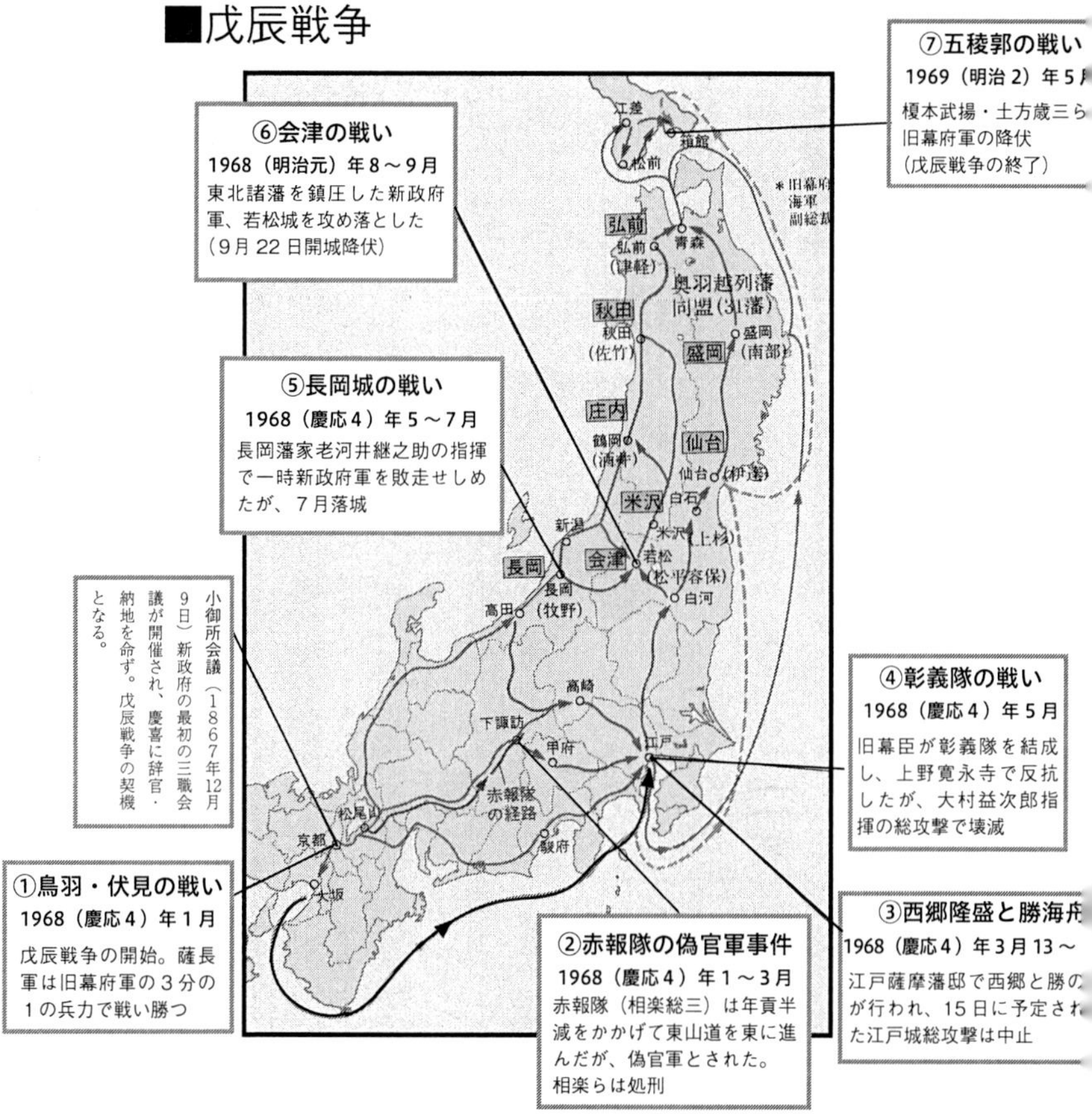
⑦五稜郭の戦い
1969（明治2）年5
榎本武揚・土方歳三ら
旧幕府軍の降伏
（戊辰戦争の終了）
⑥会津の戦い
1968（明治元）年8～9月
東北諸藩を鎮圧した新政府軍、若松城を攻め落とした
（9月22日開城降伏）
⑤長岡城の戦い
1968（慶応4）年5～7月
長岡藩家老河井継之助の指揮で一時新政府軍を敗走せしめたが、7月落城
小御所会議（1867年12月9日）新政府の最初の三職会議が開催され、慶喜に辞官・納地を命ず。戊辰戦争の契機となる。
①鳥羽・伏見の戦い
1968（慶応4）年1月
戊辰戦争の開始。薩長軍は旧幕府軍の3分の1の兵力で戦い勝つ
②赤報隊の偽官軍事件
1968（慶応4）年1～3月
赤報隊（相楽総三）は年貢半減をかかげて東山道を東に進んだが、偽官軍とされた。相楽らは処刑
③西郷隆盛と勝海
1968（慶応4）年3月13～
江戸薩摩藩邸で西郷と勝の
が行われ、15日に予定され
た江戸城総攻撃は中止
④彰義隊の戦い
1968（慶応4）年5月
旧幕臣が彰義隊を結成し、上野寛永寺で反抗したが、大村益次郎指揮の総攻撃で壊滅
江差
箱館
松前
＊旧幕府海軍副総裁
弘前
青森
弘前（津軽）
奥羽越列藩同盟（31藩）
秋田
秋田（佐竹）
盛岡
盛岡（南部）
庄内
鶴岡（酒井）
仙台
仙台（伊達）
米沢
白石
米沢（上杉）
新潟
会津
若松（松平容保）
長岡
長岡（牧野）
高田
白河
高崎
下諏訪
甲府
江戸
赤報隊の経路
松尾山
京都
駿府
大坂

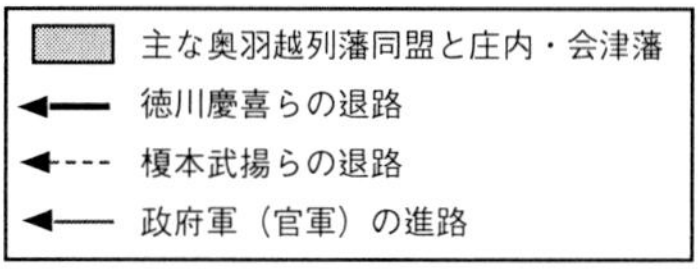
主な奥羽越列藩同盟と庄内・会津藩
徳川慶喜らの退路
榎本武揚らの退路
政府軍（官軍）の進路

出典：『新詳日本史図説』（1998年）／浜島書店

4月12日、長州藩士・桂太郎（後に第11・13・15代総理大臣となる）司令長官率いる新政府軍は、宇都宮を経由して、奥州道を進軍する。4月20日、奥羽の関門というべき白河城が一旦会津藩に占拠されるが、5月1日、新政府軍が落城させる。この戦いでの死者数は会津藩300名、仙台藩80名に対し、新政府軍はわずか10名だった。

5月3日、迫る新政府の追撃に奥羽の25藩が仙台藩の白石に集まり、奥羽列藩同盟を結成する。

一方、北陸道を進軍する新政府軍参謀・山県有朋（長州）、黒田清隆（薩摩）は長岡を目指していた。長岡藩家老の河井継之助はかなりの切れ者で、鳥羽・伏見で幕府軍が敗れ、徳川慶喜が江戸へ逃げ帰ったことを知ると、江戸藩邸のすべてを処分した。数万両を手にすると、横浜の外国商から当時日本には3門しかなかった1門5000両もする連発銃のガトリング砲を2門購入し、さらにミニエー銃数百挺と弾薬を買い入れた。藩の倉庫の米穀すべて汽船に積み込み横浜を出航し、箱館港で米穀を、新潟港で江戸の銭を売却するなどして、多額の軍資金を稼いでいる。

3月16日、新政府軍は越後高田に北陸11藩の重臣を集め出兵を要請する。出兵を拒否するとそのかわりに3万両の献上を要求するが、これも返辞を曖昧にした長岡藩に対し、新政府軍は北陸道街道と海上両面から戦闘体制を整え、ついに5月4日、長岡藩と交戦を開始する。

5月6日には越後6藩が「奥羽列藩同盟」に加わり「奥羽越列藩同盟」を結成し、事実上独立政権の誕生となる。

5月19日、新政府軍が信濃川流域の濃霧から襲いかかり長岡城を占拠するが、24日、すぐさま長岡藩の反撃を受け奪取される。

新政府が軍艦や汽船を各港に入港させ戦うと、長岡藩も最新のガトリング砲2門を揃え応戦し、戊辰戦争の中でも最も激戦となった。

7月末、新政府軍が再び長岡城を制圧する。

長州軍の奇兵隊74名、干城隊《かんじょう》73名がこの長岡の戦いで散っていった。

〔奥羽越列藩同盟31藩一覧〕

仙台・米沢・盛岡・秋田・弘前・二本松・新庄・八戸・三春・松前・本荘・亀田・下手渡・一関・天童・新発田・棚倉・中村・山形・磐城平・福島・泉・湯長谷・矢島・上山・村上・村松・三根山・長岡・黒川・守山

※会津藩（旧京都守護職）・庄内藩（江戸薩摩藩邸焼討ち）の追討令に対して、両藩を救援するために結成。

会津藩の苦悩

1868年（慶応4）1月、鳥羽・伏見の戦いで敗れ、徳川慶喜と共に江戸に逃れて帰ると、もはや戦う気力を失くした慶喜を見て、会津藩主・松平容保は2月16日、江戸を発ち故郷会津に向かう。この時、京都守護職就任に反対して筆頭家老の職を罷免されていた西郷頼母《たのも》が再び家老職に復帰する。

頼母は薩長を相手に戦いを主張する藩主容保に対し、もしもに備え軍備を整えながら恭順の意を表すようにと唱えると、容保は心を動かし藩主の養子となった徳川慶喜の弟・喜徳《のぶのり》14歳に藩主の座をゆずった。謝罪書を家臣らの陳情書と共に越前藩（福井）主・松平春嶽（慶永）に託し恭順の姿勢をみせると、奥羽諸藩の重臣も救済の嘆願書を奥羽鎮撫総督・九条道孝に提出する。

この嘆願書はおよそ20回も朝廷に提出されている。徳川慶喜（将軍）、松平容保（京都守護職）、松平定敬（京都所司代）を引き離し画策したのは勝海舟だといわれている。しかし長州にとっては特に会津藩主・松平容保が京都守護職として尊攘派を取り締まっていたことで、久坂玄瑞たち尊王の志士を失った恨みは強かった。

7月、江戸を東京と改称していた頃、「奥羽越列藩同盟」に亀裂が生じる。秋田、新庄、本荘、津軽などの各藩が同盟を離脱し、7月13日、奥州街道の要衝である磐城平城が落城。新政府軍参謀・板垣退助の主力部隊は、7月29日、二本松城をわずか1日で落城させると、次はいよいよ会津若松へと軍を進めていく。

会津若松城下の悲戦

1868年（慶応4）8月21日、新政府軍は参謀板垣退助（土佐）、伊地知正治（薩摩）率いる薩摩、土佐、長州、大垣の諸藩兵が石筵《いしむしろ》口から母成峠を越え、猪苗代に向け進軍を開始。会津若松城（鶴ヶ城）まで40キロを2日の速さで移動する。長岡の戦いで勝利した新政府軍北陸連隊（山県・黒田）も会津に入ると、勢いに押された会津城下の旧幕府軍の動きがあわただしくなった。

新政府軍の大山巌率いる砲兵隊が、城の弱点とされる東南の小高い小田山の山腹から4ポンド砲を城に向け撃ち込ませるが届かない。そこで城下に向け4方向から攻撃を仕掛けていくと、旧幕府・新選組の残党や女子隊・山本八重（のちの新島八重）らも銃などを手に交戦する。次第に守りが手薄になると、前藩主・松平容保は8月22日、これまで温存してきた白虎《びゃっこ》隊を午後1時城内三の丸の広場に集合させる。白虎隊士中一番隊は藩主となったばかりの喜徳を警護するため城内にとどまったが、士中二番隊は容保の警備につくため出陣する。容保は会津側の士気を上げるため、弟の桑名藩主・松平定敬とともに城の北にあたる滝沢村へと出陣。滝沢村本陣に到着すると、まもなくして戸ノ口原への援軍要請の伝令が入る。容保は士中二番隊37名を戸ノ口原に向かわせた。

当時会津藩の戦闘体制は16～17歳が白虎隊、18～35歳を朱雀《すじゃく》隊、35～49歳を青龍隊、50歳以上を玄武《げんぶ》隊に分け、家格により上級武士は「士中」、そして親の禄高により「寄合」「足軽」とし、さらに一番隊、二番隊の中隊に分団していた。白虎隊の分団は左記の通りである。

士中一番隊	将校5人	隊員44人	
士中二番隊	将校5人	隊員37人	
寄合一番隊	将校5人	隊員101人	
寄合二番隊	将校5人	隊員62人	
足軽隊	将校8人	隊員71人	合計343人

8月23日、小雨降る朝、土佐・大垣藩兵らと交戦中の士中二番隊が気づけば孤立状態となっていた。急ぎ退路をさがし、滝沢山麓から飯森山を目ざす。山の中腹にたどり着いたのはわずか17名だった。大松の下の墓石の狭間に腰を下ろすと、鶴ヶ城の城下は炎や煙が立ち込めていた。この時城はすでに籠城戦に入っていたとも知らず城が落城したと思い込んだのだろうか。若き少年17名が集団自決を選ぶ。

そのうちのひとり飯沼貞吉だけが足軽の妻に助けられ、塩川本陣に運ばれ喉の突き傷の治療を受け、後に白虎隊の悲劇の全容が明らかになる。

8月23日、白虎隊を一蹴して新政府軍参謀・板垣退助（土佐）、伊地知正治（薩摩）の両隊が滝沢峠を越え城下へなだれ込んでいくと、武家屋敷内では女性や子供の集団自決がいたるところでみかけられ、あまりにもその死者が多すぎて埋葬し切れなかったという。この頃には奥羽越列藩同盟を離脱し、新政府に下る藩が続出。最後に会津藩と庄内藩だけが孤立していた。

9月22日、1ヶ月も続いた会津戦争は戊辰戦争の中でも最大の戦死者三千余名を出し、松平容保は降伏する。最後まで抵抗を試みた庄内藩も新政府軍の北越督府参謀・黒田清隆に使者を出し降伏を申し入れ、9月26日、奥州に進軍していた西郷隆盛の指示を仰ぎ正式に降伏を認め、半年間戦い続けた奥羽戦争は深い爪痕を残し終結する。

ここで幾ばくかの疑問が残る。会津はなぜ幕府を頑《かたくな》に保守しようとしたのかである。そのひとつの理由として会津の基盤を作り上げた保科《ほしな》正之がいた。正之は将軍徳川秀忠（2代目）の側室の子で、3代将軍家光の腹ちがいの弟だった。そのため正統な家名・徳川や松平などの名を継ぐことは許されなかった。

しかし、3万石の小藩から28万石の会津藩にまで家禄を引き立てられ、兄・将軍家光の死去の際、家光の長男・家綱（11）の後見人にされ、身命を賭《と》しても、徳川家を守ると固く誓った。会津藩はこの誓約の家訓を幕末まで受け継いだのである。

榎本の江戸脱走と東京遷都

1868年（慶応4）7月23日、旧幕府海軍副総裁兼幕府旗艦開陽丸の艦長の榎本武揚が徳川慶喜を水戸から駿府に送り届けると、慶喜は9月まで謹慎生活に入った。慶喜の跡を受け徳川宗家を継いだ家達《いえさと》も8月15日に駿府（70万石）に到着したのを見届けての脱走だった。

艦隊は旗艦開陽丸をはじめ4軍艦、運送船4隻で品川沖を出航した。しかし直後嵐で運送船咸臨丸ともう1隻を失い、残りの艦船6隻はひとまず松島湾に投錨する。ここで会津戦などの奥羽戦で敗北した旧幕府軍や土方歳三らと合流し、箱館へと向かった。

榎本は決して新政府に対し反発はしていない。脱走の理由として禄を取り上げられた旧幕府遺臣らの救済のための蝦夷地開拓と、ロシアの侵略に対し北の防備に就くというものだった。そもそも旧幕府の不満分子を一括して蝦夷地に送り、開拓と北辺防備にあたらせることは坂本龍馬の発案であり、龍馬が勝海舟に打ち明けている。勝も榎本に秘策を授けたかあるいは蝦夷行きを了承していたかは「あ・うん」の呼吸だったのかも知れない。

一方、王政復古を成しとげた新政府内では、明治天皇が8月27日、即位式を終え、10月13日、約3000人の供奉者を従えて東京に到着する。途中、熱田神宮などに親臨し、沿道の民衆とのふれあいや慰問に努め、新しい世の天皇の権威と象徴を強く印象づけることが旅の目的だった。明治天皇はいったん京都に戻り、翌1869年（明治2）3月、再び東京城（旧江戸城）に入り、そのまま東京に滞在した。東京が事実上の新しい首都となる。これがいわゆる東京遷都である。

戊辰戦争最後の箱館

1868年（慶応4～明治元へ）10月20日、榎本艦隊は蝦夷地渡島《おしま》半島の内浦湾（噴火湾）内に投錨し、鷲ノ木に上陸する。来航の趣意書を知事に奉上するため、まず30名の隊員を従え軍監・人見勝太郎が使者として、森～大沼～蓴菜沼を経て五稜郭に向かう。途中戦いとなるが、これをなんなく撃破し、前進する。

一方、土方歳三らは森～海岸線～川汲《かっくみ》峠～湯の川～五稜郭へと向かう。川汲峠で交戦するも突破。大砲・

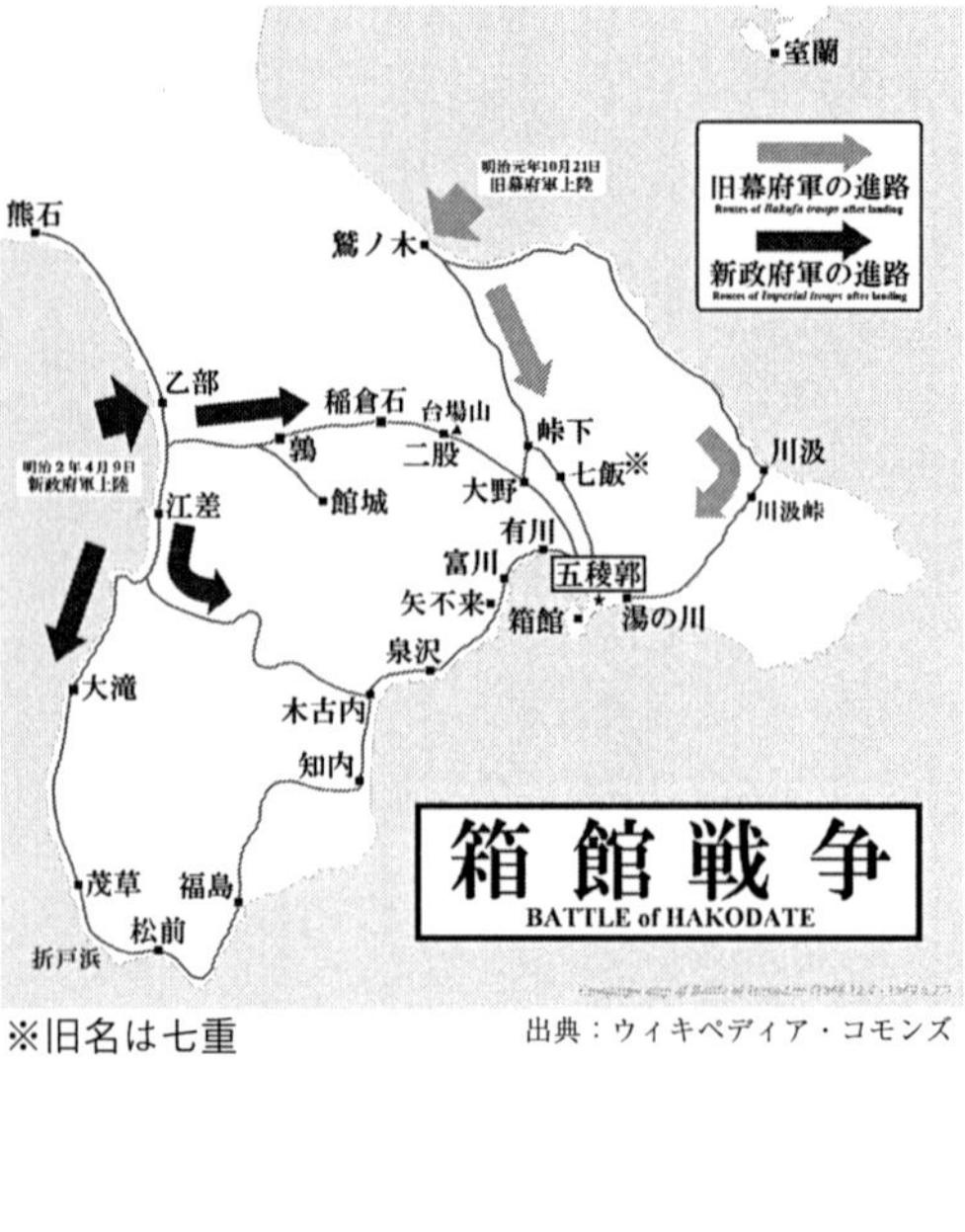

※旧名は七重

出典：ウィキペディア・コモンズ

弾薬を率いての雪道の行軍であった。

五稜郭の知事は大野、七重（七飯）の敗戦で青森へと逃走。旧幕府軍は軍艦2隻を箱館港内に投錨さすと、運上所と弁天台場に日章旗を揚げる。五稜郭占拠を果たした榎本は、松前藩主・松前徳広《のりひろ》に来航の趣旨を届けるが受け入れられず、榎本達は土方歳三を首将にし、隊を3隊（先鋒、中軍、後軍）に分け、松前攻撃を仕掛けていった。

11月1日、知内《しりうち》で松前藩兵の攻撃に端を発し、交戦が始まる。翌日、福島での交戦となり、土方軍は勝利を重ね、11月12日、藩主松前徳広は乙部へと退却。さらに熊石へと逃走し、19日に妻子・側近71名を連れ、小舟で津軽まで逃れ、26日、弘前の薬王院に入ると、29日に徳広は26歳の若さで逝去する。かくして箱館戦は完全に榎本軍の圧勝で終り、五稜郭の共和政体国家建国を宣告する。1868年12月15日、初代総裁に榎本武揚を選出すると、諸外国の列強らは「榎本政権」を承認する。しかし、新政府にとって一国二政府状態を容認するなどできることではなかった。

1869年（明治2）1月15日、新政府は主力艦の甲鉄軍艦を入手しその他の戦艦を動員すると、蝦夷地へ向かい戦闘準備を開始する。4月6日に第1陣、その後、第2陣、第3陣合わせて8000名の大軍で、青森から五稜郭に向かう。4月17日、長州と薩摩を中心とする新政府軍の総司令官・山田顕義《あきよし》（松陰門下生で大村益次郎の後継者）がまず松前を攻略すると、兵力を増員した新政府軍が勝ち進んでいく。4月30日、箱館湾内で海戦となり、ここでも新政府軍が勝利すると、旧幕府軍は五稜郭と箱館弁天岬台場に集結し、最後の抵抗をみせることになる。

5月11日、最大の激戦が繰り広げられていった。新政府軍の参謀・黒田清隆に率いられた軍勢が箱館山の背後の寒川に上陸し、箱館市街の主要部を占拠することに成功する。それを奪回しようとした土方歳三ら率いる旧幕府軍との間で激しい戦いとなった。土方歳三の最期である。その戦いぶりは本来の武士よりもはるかに武士らしく戦ったといわれている。

旧幕府軍の敗色が濃厚となる中、黒田清隆が榎本武揚に降伏を勧告すると、5月18日、ついに新政府軍に投降し、ここに鳥羽・伏見の戦いから1年半続いた戊辰戦争が終結する。のちに榎本の処刑に助命を強く嘆願したのは黒田清隆であった。榎本は処刑を免れ、１８８９年（明治22）の帝国憲法発布の際、大臣の署名に名を連ねている。ちなみにこの時の内閣総理大臣は黒田清隆なのである。

一連の戊辰戦争の終幕と同時に東北諸藩にはきびしい処分が待っていた。特に過酷な処分が下ったのが会津藩で、本州最北端の下北半島で３万石の斗南《となみ》藩への移住となった。当時不毛の地と呼ばれ半年の間は雪に埋もれ、実収高はわずか７０００石にすぎなかったこの地に、１万７３００余人の会津藩士とその家族が移住させられた。この積年の恨みが今日まで長州と会津の関係に影を落としている。

他に仙台藩はおよそ半分に削封され、盛岡、二本松、庄内、白河、米沢も削封となった。その反面、奥羽越列藩同盟を途中で脱退した秋田、津軽、三春、中村、新庄、本荘などの各藩に対しては、逆に賞典禄が与えられている。

新政府樹立と幕藩の解体

戊辰戦争の最中にも新政府は、天皇が存命中は年号を変えないとする一世一元の新しい国家体制を作り始めていた。新政府のスローガンは「富国強兵」と「殖産興業」で、遅れている日本を西洋なみに発展させることであった。

まだ江戸城無血開城を行っていた頃の1868年（慶応4）3月14日、明治天皇の名の下で「五箇条の御誓文《ごせいもん》」が発表され、新政府の政治方針が示された。翌日には辻々に「五榜《ごぼう》の掲示」を立て、庶民が守るべきことを訓示した。

7月17日、江戸を東京と改称し、8月27日に明治天皇が即位の礼を行った。9月8日、明治と改元し、一世一元の制を正式に定める。1869年（明治2）3月、天皇が東京城を皇居として移り「東京遷都」すると、東京が日本の首都となる。

新政府は日本全国を一律支配とする中央集権的な政権を一刻も早く目指す必要があったが、依然として諸藩は存続し、その解体が政治課題となっていた。

1868年（慶応4）4月、木戸孝允（桂）は山口で藩主・毛利敬親に土地（版）と人民（籍）を朝廷に奉還し、全国に先がけて首唱者となることを進言する。

7月、これに応じて毛利敬親は木戸に命じ薩摩藩に交渉。大久保利通とともに、土佐、肥前藩を誘い、1869年（明治2）1月20日、薩・長・土・肥の各藩主の連署による版籍奉還を朝廷へ上表すると、諸藩もこの動きに遅れまいとして相次いで上表を行った。これにより藩主は藩知事に任ぜられ、新政府の指揮下に入り統制が一段と進むこととなった。

明治政府は天皇を頂点とし、総裁に八月十八日の政変で長州に七卿落ちとなった三条

■新政府の発足

1867（慶応3）	
12月9日	王政復古の大号令・小御所会議（最初の三職会議）
1868（明治元）	
1月3日	鳥羽・伏見の戦い（戊辰戦争の開始）
3月14日	五箇条の御誓文交付
3月15日	五傍の掲示
閏4月21日	政体書を交付
5月6日	奥羽越列藩同盟の成立
7月17日	江戸を東京と改称
8月26日	天長説を定める
8月27日	明治天皇即位の礼
9月8日	明治と改元。一世一元の制制定

実美、議定《ぎじょう》には下級公家出身の岩倉具視、徳大寺実則、鍋島閑叟(藩主)。特に画期的だったのが参与の大久保利通(薩摩)、木戸孝允(長州)、後藤象二郎(土佐)など、薩・長・土・肥でも身分を問わず優秀な人材を登用したことだった。

さらに太政官制を復活させると、松陰の評価も高く高杉晋作と行動を共にした前原一誠が越後府判事(今の新潟県副知事)を務めた後、参議として新政府の運営に参画する。長州勢は木戸や前原、井上馨、山県有朋、山田顕義、伊藤博文など松下村塾の門下生たちが着実に新政府へ影響力を増していった。しかし、木戸と前原の2人は後に大きく明暗を分けることとなってしまう。

1869年(明治2)9月4日、兵部大輔《ひょうぶたいふ》(陸海軍次官)・大村益次郎が京都市内で士族(越後、秋田、長州など)の一団に襲われ重傷を負い、11月5日死去(享年46歳)。当時大村は庶民による徴兵制軍隊への改革を押し進めようとしていた。それに対して士族の力が弱められることを怨んでの犯行だった。政府にとって政府直轄軍の創設は急務だった。急進的改革者だった大村と改革に不満を抱く士族が今後の軍政改革に混乱を生じさせ、この不満士族の存在が政府に重くのしかかってくるのである。

奇兵隊のその後と中央集権化

1869年（明治2）1月20日、版籍奉還がなされ、長州でも山口、徳山、長府、清末、岩国の各藩主がそれぞれ藩知事に任命される。この年は夏からの長雨で農作物が不作となり、各地で生活が困窮し、不穏な状況だった。

このような状況下で、山口藩知事・毛利元徳は四境戦争～戊辰戦争の過程で肥大化した奇兵隊など諸藩の兵力を整理し、改めて常備軍として新たに2000人を編制しようと試みた。

しかし、この精選をめぐり多数が編制にもれると危惧を抱いた奇兵隊などの諸隊と藩庁との対立が激化していった。倒幕を目指し、共に戦い勝利し官軍となり、戦い終えてみれば、多くの諸隊兵は用済みとなっていた。

11月、旧奇兵隊や遊撃隊などの諸隊から上官の不正や賞罰の不公正さと軍紀の弛緩さが指摘されると、藩庁は諸隊の隊号を廃し、常備軍第1号～4号の大隊を編制した。

11月30日、この常備軍選抜にもれた多くの者は山口本営を脱し、宮市（現・防府）に屯集する。12月8日、山口藩知事の毛利元徳はこれに対し三田尻・小郡を巡回し鎮撫に努めたが、脱隊諸隊らの動きは収まらなかった。

美祢岩永村（現・美祢市）の農民一揆の蜂起を皮切りに、１８７０年（明治３）１月には長州の各地で打ちこわしが始まった。1月12日には熊毛郡岩田村（現・光市）で村内の大日坊《だいにちぼう》に多くの農民が結集し、竹鎗や、鉦《かね》、太鼓を打ち鳴らして気勢をあげた。この時は脱隊隊兵らにより鎮圧されるが、その後も熊毛郡や大津郡（現・長門市）など藩内の各地で不穏な状況が発生し、藩庁を突き動かしていった。

この時点では、まだ藩庁と脱隊諸隊が完全に対立していたわけではない。藩庁は各地で起こっている一揆の要求を聞くという趣旨の立札を立て救済米を提供するなどの鎮静工作を行った。その努力もあり、一揆の鎮静に協力する脱隊諸隊も少なからずいた。しかし、1月21日、藩庁が萩の干城隊を呼び、警備を担当させようとしたことに激高し、事態が急変する。脱隊諸隊は山口に帰り、兵器を持って元徳のいる御屋形を囲む。この時から両者の対立が濃厚となった。

1月23日、毛利元徳の救出に向け萩の干城隊に出動が要請されるが、脱隊諸隊はいちはやく山口の周辺部を固め、佐々並（現・萩市）で干城隊を阻止する。これで両者の対立が決定的となった。この時、地元山口の藩政を建て直すため帰国していた木戸孝允は武力討伐の意志を固め山口を脱し、長府の常備軍のもとへ急いだ。すでに編制された常備軍は不測の事態をさけるために山口から長府へと移動している。木戸の統率のもと軍事出動体制を整えると、2月8日、赤間関を進発する。

第1軍は小郡から、第2軍は厚狭郡から、第3軍は三田尻から勝坂関門を突破し、2月10日、山口に入り脱隊諸隊を鎮圧する。藩庁が脱隊兵の罪状を調査し、3月2日山口郊外で首謀者27人を斬首。これを皮切りに各地で106人もの処刑が行われた。この脱隊諸隊への参加者は1200人余でそのうち半数は農民出身者であった。今日、その処刑者の供養塔が山口市の大内に建立されている。ここに幕末の動乱を生き、維新の原動力となった奇兵隊などの諸隊は姿を消したことになる。

この一連の騒動をうけて山口藩庁はまず農民一揆への対応として、より民政に巧みな村役人の起用を図るとともに、藩庁民政主事心得の松陰の兄・杉民治が「赤子を保する心持ちで小民を引き立てよ」と支配の末端としての村役人への心構えを訴え諸村を廻り、藩庁は村役人層と共生関係をとることで村落秩序の回復をめざしていった。

長州ファイブのひとりで新政府で蔵相や外相を務める井上馨も、この騒動に衝撃を受け、年貢の軽減や農民再建のため新しい租税制度を模索し、民政の重要性を説く藩政改革プランを構想していく。明治2年から3年の山口藩の状況は、維新官僚に強い影響を与え、全国的な民衆の「世直し」への動きとさらに外国からの圧力に向かって強い中央集権化を目指していくのである。

廃藩置県・山口県の誕生

幕藩体制の解体は1869年（明治2）徐々に大名の権限をなくすため、藩の領地と領民を国へ返還する「版籍奉還」が行われる。このとき多くの藩主は領地経営に苦しんでいたことや、まだ藩知事としての統治権が与えられていたため、大きな混乱もなく返還が進められた。

1869年（明治2）6月、長州藩では敬親が隠居し、元徳が家督を相続したが、まもなく版籍奉還で山口藩知事となる。

1871年（明治4）7月14日、山県有朋（松陰門下生）の強い進言と、三条、岩倉の助言により、役人がいない盆休みをねらい「廃藩置県」が断行された。これにより藩主は藩の統治権を失い、華族として東京への移住が決定され、藩は県に変わり、中央政府が任命した県令が派遣されていった。ここに幕藩体制は完全に消滅したことになる。

廃藩置県は、薩摩藩、長州藩、土佐藩から御親兵を募り、新政府直属の軍隊を編制したうえで断行された。その後、西郷隆盛（薩摩）、木戸孝允（長州）、板垣退助（土佐）、大隈重信（肥前）が参議となった三院制の藩閥政府ができる。

長州は7月14日付で山口、岩国、豊浦、清末の4県が成立するが、その後この4県の境界が複雑に入り組んでいることから、11月15日、4県を統合して山口県となる。

■薩長土肥藩閥の形成

廃藩置県直後〈1871年（明治4）8月〉の主要官職補任表

正院	太政大臣	三条実美	参議	木戸孝允（長州）
	左大臣	欠		西郷隆盛（薩摩）
	右大臣	欠		板垣退助（土佐）
				大隈重信（肥前）
左院	議長	欠		江藤新平（肥前）
右院	神祇卿	欠	大輔	福羽美静（津和野）
	外務卿	岩倉具視（公家）	〃	寺島宗則（薩摩）
	大蔵卿	大久保利通（薩摩）	〃	井上　馨（長州）
	兵部卿	欠	〃	山県有朋（長州）
	文部卿	大木喬任（肥前）	〃	欠
	工部卿	欠	〃	後藤象二郎（土佐）
	司法卿	欠	〃	佐々木高行（土佐）
	宮内卿	欠	〃	万里小路博房（公家）
	開拓長官	東久世通禧（公家）	次官	黒田清隆（薩摩）

揺れる外交政策と反乱

新政府は当初から1年半あまり戊辰戦争の対応に追われたが、外交政策にも課題を残していた。当時日本と同様鎖国政策をとっていた朝鮮王朝に対し、国交の再開を模索する。1873年(明治6)、まずは交渉による開国を要求し、最悪の時は武力を使ってでも開国させたいという征韓論を主張する西郷隆盛、板垣退助に前原一誠がこれを支持する。しかし、岩倉具視、大久保利通がこれに対し反対論を展開すると、木戸孝允は「反対」というよりも「時期尚早」の立場をとった。

互いの立場が拮抗していたため、岩倉が天皇に判断を仰ぐと、征韓論の西郷派遣は無期延期と決定される。この結果、西郷、板垣、前原らが辞表を提出し下野する。

1874(明治7)4月、木戸も政府の中止命令が間に合わず台湾出兵が強行されたことに抗議し下野する。しかし、伊藤博文や井上馨らが木戸の政界復帰を強く望んで、木戸試案の立憲政体の樹立や三権分立、二院制議会の確立という現在に通じる条件を受け入れ、翌年1875年（明治8）、木戸は参議に復帰する。

この頃特権を奪われた士族の不満が高まり、征韓論争で下野した有力者らに触発される形で、各地で反乱が起きる。

1874年（明治7）2月、前参議の江藤新平を首領に担ぎ、約1万2000人の軍勢が鎮台兵のいる佐賀城を攻撃し県令の岩村高俊を敗走させる。征韓論を主張する士族と政府の欧米化政策に反対する保守派士族の合流勢力で佐賀城を奪ったものの、政府軍が鎮圧し、江藤はさらし首となった。

次に神風連の反乱が1876年（明治9）10月、熊本で起きる。熱狂的な敬神攘夷思想の士族集団（神風連）の約200人が太田黒伴雄を首領として廃刀令への反発から決起。熊本鎮台など各所を襲撃し、鎮台司令官、県令が死亡したが、翌日にはすぐに鎮圧される。

神風連の反乱に呼応して福岡の旧秋月藩士ら約400人が決起し、豊津の士族に決起を求めたが豊津は動かず、小倉からの鎮台兵に鎮圧される。神風連の反乱の飛び火は山口・萩にも乱を起こさせた。

■新政府への反乱

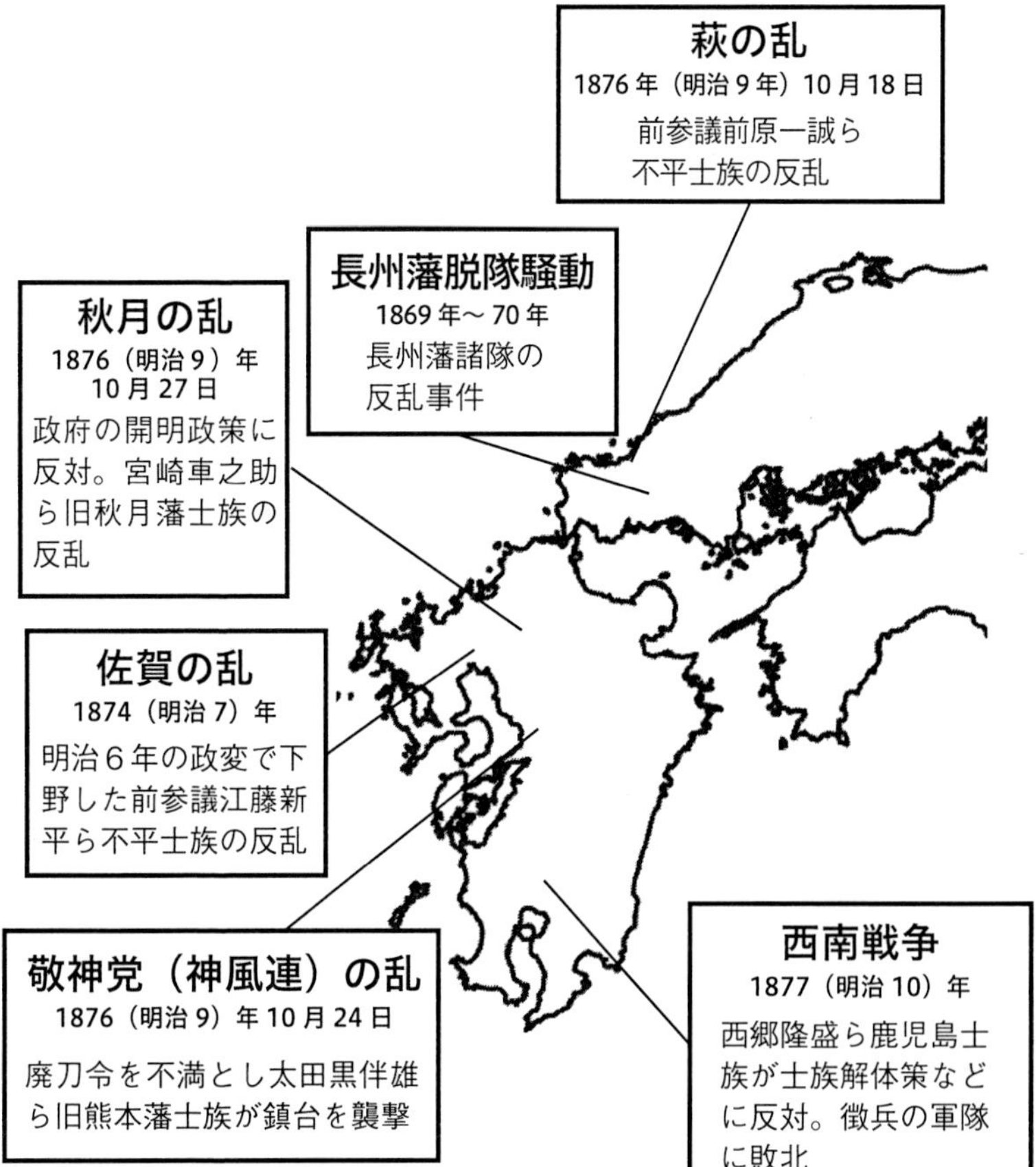
萩の乱
1876年（明治9年）10月18日
前参議前原一誠ら
不平士族の反乱
長州藩脱隊騒動
1869年～70年
長州藩諸隊の
反乱事件
秋月の乱
1876（明治9）年
10月27日
政府の開明政策に
反対。宮崎車之助
ら旧秋月藩士族の
反乱
佐賀の乱
1874（明治7）年
明治6年の政変で下
野した前参議江藤新
平ら不平士族の反乱
敬神党（神風連）の乱
1876（明治9）年10月24日
廃刀令を不満とし太田黒伴雄
ら旧熊本藩士族が鎮台を襲撃
西南戦争
1877（明治10）年
西郷隆盛ら鹿児島士
族が士族解体策など
に反対。徴兵の軍隊
に敗北

参考：『新詳日本史図説』
（1998年）／浜島書店

前原一誠・萩の乱

前原一誠は松陰に憧れ、24歳で松下村塾に入門すると、松陰からは高杉に勝る逸材と称され、松陰の死後、独学で語学を修め、高杉に寄りそい、維新の10傑のひとりに数えられる人物である。

その彼が中央政権で参議となり、軍事力強化にともない近代的な軍隊をつくる兵部《ひょうぶ》大輔《たいふ》（大村益次郎の後任）などを歴任する。

1873年（明治6）1月10日、「国民皆兵制」（徴兵令）が発布される。こうした軍隊の創設は、そもそも大村益次郎が構想し、山県有朋が実現した。戸主や学生、嗣子（長男）、官吏のほか、代人料《だいにんりょう》として当時270円収めた者は免役が許され、実際に兵役を負担したのはほとんど農村の20代以上の次男、三男以下という不平等な制度であった。

前原はこれでは農村が人手不足になるとして猛反対し、木戸孝允や山県有朋ら長州同士での対立を深めると、西郷・板垣・江藤らとともに辞職し、病気を理由に故郷・萩に帰省した。

当時身分制度が改正され、政府は元藩主と上層公家をともに華族、また藩士・旧幕臣を士族とし、封建制度を一応解消させた。

そして同時に農・工・商を平民とし、移転や職業選択の自由を認める「四民（士・農・工・商）平等」の新しい身分制度とした。この考えをわかりやすく説いたのが福沢諭吉の「西洋事情」や「学問のすゝめ」で、その後、自由主義・個人主義の近代思想を板垣退助が自由民権運動へと展開させ、歴史は動いていくのである。

しかし、この近代化（欧米化）政策の波に冷遇された士族の怒りが生活の不安を抱えて爆発する。

1874年（明治7）2月、まず佐賀（肥前）で起きた。先にも述べたが、政府の元参議・江藤新平を首領に担ぎ征韓論を主張する士族と、政府の欧米化政策に反対する保守派士族が合流、約1万2000人の軍勢が佐賀城を攻撃し城を奪ったものの、政府軍に鎮圧される。

1876年（明治9）10月にも、熊本、福岡で同じような反乱が起きる。そして山口でも10月、萩で前原一誠を首領とする士族が、熊本、福岡の乱に呼応する形で反乱を起こす。この反乱は当初・少人数だったが、山陰を東上し、同志を募ると大規模な集団となっていった。

政府軍は大坂の鎮台や軍艦まで動員して萩を包囲し、前原の一軍は壊滅し、前原一誠は12月3日、処刑される（享年43）。

高杉晋作と共に戦い続け、毛利を救った松陰門下生がまたひとり消えた。1877年（明治10）、同様にして西郷隆盛も時の流れに消えていく（西南戦争）。

幕末動乱期のあわただしい時の流れの中で、日本の礎に欠かせなかった多くの若者達を失ったことは、その後の日本にとって痛手となったことにまちがいはない。

近代化を急ぐ明治政府

1877年（明治10）、西南戦争の最中の5月26日、幕末の激動を生き抜き、近代国家の骨格を提唱し、新政府の指針を示した木戸孝允が持病を悪化させ他界する（享年45）。その後初代内務卿だった大久保利通の発言力が増す。しかし、1878年（明治11）大久保もまた暗殺され、動乱期に活躍した人物が次々と新政府から姿を消していった。

それでも松陰門下生は伊藤博文はじめ井上馨、山県有朋、品川弥二郎、山田彰義、野村靖、渡辺蒿蔵《こうぞう》（天野清三郎）、松本鼎《かなえ》などが明治政府を支えていった。

特に伊藤は大久保利通の後任として手腕を振るい、列強国からは後進国と見なされていた日本に文明開化の鹿鳴館時代をつくりあげ、近代国家日本をアピールする。

1885年（明治18）5月、山県有朋らの支持で伊藤博文は初代内閣総理大臣に就任すると、1889年（明治22）待望の大日本帝国憲法を発布し、木戸孝允の訴えていた立憲政体の樹立を成しとげる。

その後、2年半の在位で総理の座を退くが、1892年（明治25）、再び総理に就任すると、イギリスとの間で領事裁判権の撤廃と関税自主権の一部回復の条約改正を実現した。1894年（明治27）7月、朝鮮半島から清（中国）の力を除くため、日清戦争が勃発する。陸軍大将として山県有朋が出兵し、1年4ヶ月の末、日清戦争を勝利して下関条約で台湾や遼東半島の割譲、及び賠償金が定められた。日本は近代国家として国際的に第一歩が踏み出せたかに思えたが、ロシア、ドイツ、フランスの三国干渉を受けると、国力の差でこの勧告を受け入れ、遼東半島を清に返還する。


日本はロシアの凍らない港を求める南下政策に対応し、1902年（明治35）、日英同盟を結ぶ。1904年（明治37）2月、日露戦争に踏み切り、翌年9月勝利する。これで日本は列強と肩を並べる近代国家の礎を築いていく。

日清・日露戦争の勝利で、日本は江戸の安政期に各国と結んだ不平等条約解消の動きを加速させていった。これはかつて吉田松陰が願っていたことを伊藤博文が奔走した結果である。しかし尊い人々の犠牲の上に勝ち得たものであることを忘れてはならない。条約改正が最終的に実現するのは1911年（明治44）で、朝鮮半島のハルピンで伊藤博文が暗殺された2年後のことであった。列強国の力の差の中で幕末の動乱期から新政府を成し、近代化を急ぎ列強国に肩を並べていった明治時代、日本の底力と散りゆく命の時の流れに、あまりにもせつなさが残るのは、この私だけではないはずである。

第2章　幕末長州の立役者たち

長州藩を分けた派閥争い－その対立の構図と抗争過程

正義派（改革）と俗論派（保守）の両派は、天保弘化年間の厳しい藩の財政改革に端を発し、藩を思うがゆえに対立する一連の人間関係がある。まず財政改革を行い、雄藩とした村田清風から始まる。

その村田清風をあくまで「正義派」とすれば、坪井九右衛門の系統が「俗論派」になる。しかしこれはあくまでも政策上での対立であり、両派が共に手を携える時もあった。正義派の中心となる周布政之助も藩政に参画した当初は、俗論派の椋梨藤太の補佐役であり、騒ぎ立てて争うようなことはなかった。

しかし、1858年（安政5）、安政の大獄で藩政の主導権を担っていた長井雅楽が、江戸に護送される師・吉田松陰をかばわなかったとして、門下生達の怒りをかった。さらに、1861年（文久元）、海外の先進的知識と技術を吸収し、国力をつけてから攘夷を行うとする長井の「航海遠略策」が、公武合体を進める幕府に支持されると両派の対立が生まれた。門下生を中心とする尊王攘夷の正義派は、当時外国を追い払うべきだとし、単純に朝廷も同じ考えであると信じていたため、佐幕側の俗論派と対立した。

江戸では、桜田門外の変に続き、公武合体を推進していた老中安藤信正も襲われ、幕府の求心力は弱くなっていった。

長州藩内でも正義派が俗論派を抑え、攘夷へと突き進むと、長井は失脚し切腹を命じられ、両派の溝は深まっていった。

八月十八日の政変で京から追放された正義派は、俗論派にまたも主導権を奪い返されるも、高杉晋作らによりすぐに権力を取り戻した。

この一連の動きで椋梨藤太らの俗論派は謹慎処分を受け、坪井九右衛門が処刑される。

1864年（元治元）6月、新選組が池田屋を襲撃し、志士の多くが討たれると、正義派は京へ攻め込み「禁門の変」で久坂玄瑞らを失い、「朝敵」という汚名を受けてしまう。

これでまたしても俗論派が主導権を握ると「禁門の変」を指揮した三家老・福原越後（元僴《もとたけ》）、益田右衛門介（親施《ちかのぶ》）、当時23歳という最も若い家老・国司信濃（親相《ちかすけ》）

が切腹。周布政之助も自害、正義派の幹部も次々と処刑となる。
こうした背景には、藩主・毛利敬親が家臣の意見を聞き入れたことや、関ヶ原の戦いの敗北から受けた幕府への積年の思いが渦巻いていたかも知れない。

こうした主導権争いに決着をつけたのが奇兵隊を創設した高杉晋作の功山寺挙兵だった。その勢いで萩入城を果たし、藩正規軍を撃破し、俗論派の椋梨藤太ら幹部は処刑され、俗論派は壊滅する。これより藩は正義派に統一されると、薩長同盟を結び第二次長州征討では、大村益次郎による西洋式武器と兵制を取り入れ、幕府軍を撃破する。鳥羽・伏見の戦から始まる戊辰戦争を終え、明治維新の新政府には木戸孝允はじめ松陰門下生らが参議として名を連ねた。その新政府の外交施政は、かつて長井雅楽が海外から先進的知識と技術を吸収し、国力をつけると主張していた「航海遠略策」を継承したことは、派権争いをして命を落としていった者へのせめてもの償いになったのではないだろうか。

対立の構図

[正義派]（攘夷派）＜改革的＞
周布政之助・桂小五郎（木戸）・高杉晋作・久坂玄瑞・伊藤博文・大村益次郎ほか

[中間派]
広沢真臣ほか

[俗論派]（佐幕派）＜保守的＞
坪井九右衛門　長井雅楽　椋梨藤太　中川宇右衛門ほか

1. 毛利敬親《もうりたかちか》〈長州藩13代藩主〉

毛利敬親肖像。（山口県立山口博物館蔵）

1819年（文政2）生まれ。江戸末期の維新動乱を経て明治初期までの長州藩の藩主である。

父は11代藩主・毛利斉元公で、12代藩主・毛利斉広公の養子となった後に、17歳の若さで毛利氏27代当主、18歳で長州藩13代藩主となる。

常に家臣の意見に耳を傾けて「そうせい」と言うだけで済んだので「そうせい侯」とも呼ばれていたという。

つまりよき家臣の登用や使い方にすぐれていたとの表裏だったといえる。村田清風の起用は財政にあえぐ藩を雄藩にした。この財政改革にも藩主自ら質素倹約に励んだことで家臣のみならず領民からも高く支持されていた。その一例として、質素な木綿服を着て民衆の心をとらえたという話が残っているほどである。

財政が豊かになると強兵政策を進め、尊王攘夷を掲げ、関ヶ原からの積年の屈辱から倒幕へと向かう。関門海峡で外国船打ち払いを決行。しかし朝廷側の態度が変わり、京から長州藩は追放となる。

1864年（元治元）、禁門の変で長州藩の再起を図ろうとするも敗北。幕府が長州征討令を出すと家老らを処罰し、幕府に恭順の意を表す。しかし、高杉晋作によるクーデターで正義派が復権し、1865年（慶応元）、第二次長州征討で幕府軍に勝利し、難局を乗り越え倒幕を果たす。

幕末の動乱期に藩の存亡を賭け、若き有能な家臣を登用し、維新への時の流れを築いた優れた藩主だった。吉田松陰・高杉晋作・桂小五郎（木戸孝允）・大村益次郎など多くの優秀な人材は敬親公により見出されている。

1869年（明治2）隠居し、1871年（明治4）死去。（享年53歳）

2. 村《むら》田《た》清《せい》風《ふう》
〈藩の財政再建政策主導者〉

村田清風肖像（山口県立山口博物館蔵）

１７８３年（天明３）、長門国大津郡三隅村沢江で藩士、村田光賢の長男として生まれる。孫に山田顕義。成績優秀につき藩校の明倫館では学費免除となるほどだった。１８１９年（文政２）に家督を相続し、１８３８年（天保９）藩主・毛利敬親に信任され、天保の改革に伴う藩の財政再建政策を主導する。

１８４３年（天保14）、三十七ヶ年賦皆済仕法を発し、藩庁からの借入金の棒引きと返金をなくす。商人からの借金も藩が借りたこととし、藩は利子のみを毎年債権者に支払い、元金は37年支払いを延期し、商人に待たせるという方法をとる。特に生活に困窮していた下級藩士にはありがたいことであり、幕末の長州藩士が育っていった。反面、商人らからの反発も受けることもなる。

北廻り船が下関で一旦荷を降し、上方へ送るのを手助けする倉庫業、越荷方《こしにかた》を設置。大坂で相場が安い時には荷を留め置き、高値を待って出荷し利を得ると、藩の財政は潤った。しかし、大坂・江戸方面への商品が減少して幕府の知るところとなり、清風は退陣し、家老・坪井九右衛門に藩政の実権を譲る。

しかし、1855年（安政2）、家老・周布政之助の強い要請により、再び藩政に携わるも、またしても清風改革の反対派・椋梨藤太が台頭し、失敗に終わる。この年、中風の病の再発で死去。清風の残した改革による財力で、長州は幕末動乱を乗り切っていく。（享年73歳）

3. 周布政之助《すふまさのすけ》

〈公武合体から尊王攘夷へ重要人物〉

周布政之助肖像写真（山口県文書館蔵）

1823年（文政6）の生まれ。村田清風の後継者で、安政から文久年間、藩政を公武合体から尊王攘夷へと転換させた重要人物である。25歳で藩政に登用されると、その後、主な要職を歴任する。

1853年（嘉永6）、俗論派の失脚を受け、藩政の財政及び兵制改革に力を注ぐも改革は失敗し、1855年（安政2）失脚。俗論派が再び台頭する。その後も、正義派と俗論派が幾度も失脚と復帰を繰り返す動乱の中で、揺れる人生を送っていった。

1857年（安政4）、謹慎が解けると、条約勅許の問題で沸き起こった尊王攘夷運動に腐心する。1861年（文久元）、藩は長井雅楽の「航海遠略策」に基づく公武合体を藩是とした（この年10月、皇女・和宮が将軍家茂に降嫁決定となり、翌年2月婚儀）。この「航海遠略策」の建白阻止を図ったことにより、謹慎処分に。

しかし、藩内では尊攘運動が強まるとともに、公武合体が行き詰まりを見せる。1862年（文久2）、藩政に復帰。藩の方針を攘夷とするのに重要な役割を果たす。その思想が一方的な攘夷ではなく、対外危機への強い意識があることは、伊藤博文や井上馨ら長州ファイブを英国へ留学させたことからも知ることができる。

八月十八日の政変→禁門の変→馬関戦争へと藩の存亡をかけた苦しい境地が続き、1864年（元治元）9月、俗論派に実権を奪われ、自害し果てる。（享年42歳）

4. 玉木文之進《たまきぶんのしん》

〈吉田松陰の伯父、松下村塾の創立者〉

1810年（文化7）藩士・杉七兵衛の三男として萩に生まれる。1820年（文政3）、玉木十右衛門の養子となり家督を継ぐ。しかし、玉木家は、無給通という下級藩士だった杉家より少しはよかったとはいえ、藩士の中ではとても裕福とは言えなかった。甥の松陰が生まれた頃は自宅すらなく、杉家に同居し、家族同様の暮しだった。山鹿流兵学を修め、明倫館では兵学師範を務めた学識のある人物だった。

1842年（天保13）、自宅で私塾を開設し、近隣の子弟を指導する。これが初代松下村塾の創立となる。謹厳な教師であり、山鹿流兵学の師範となる松陰には厳格なスパルタ教育だった。おかげで松陰は11歳で藩主・毛利敬親の前で堂々と山鹿流を講じ、皆を驚かせた。これほどまでに育て上げたことに対し、毛利敬親は感服したという。

1847年（弘化4）、藩務で多忙となると、塾を閉鎖した（のちに松陰が引き継ぐこととなる）。1856年（安政3）からは実務の手腕をかわれて代官職を歴任し、評価され郡奉行となる。

１８５９年（安政６）、大老・井伊直弼による安政の大獄で松陰が検挙されると、助命嘆願に奔走。そのため奉行職を解かれるものの、高い能力は捨てがたいとして、２年後に再登用され、１８６９年（明治２）まで藩政に参与した。その後は松下村塾を再興、育成に専念。

１８７６年（明治９）、前原一誠の「萩の乱」に多くの塾生が参加したことに自責を感じ、玉木家の墓前で自刃する。（享年67歳）

5. 広沢真臣《ひろさわさねおみ》

〈正義派寄りの中間派〉

出典／国立国会図書館「近代日本人の肖像」
(https://www.ndl.go.jp/portrait/)

１８３３年（天保４）萩城下の柏村家に生まれ、波多野家の養子となり、波多野金吾を名乗る。１８６５年（慶応元）、藩命で広沢姓に改姓する。

温厚な性格で中間派といわれているが、どちらかといえば正義派であり、久坂玄瑞や桂小五郎（木戸）と友好的であった。藩内の要職を歴任していたが、１８６４年（元治元）、久坂玄瑞が命を落とした禁門の変に敗北すると、藩の主導権が俗論派（保守）に移り、野山獄に投獄される。しかし、高杉晋作が下関でクーデターを起こし、藩の実権を掌握すると、正義派が勢力を回復。これにより出獄し、藩中枢で政務を執る。桂（木戸）と共に薩摩・大久保利通らと倒幕を協議し、坂本龍馬の仲立ちによる薩長同盟に尽力した。

１８６６年（慶応２）６月７日、幕府軍艦による長州藩領・周防大島への砲撃で第二次長州征討（四境戦争）が始まり、結果長州藩が勝利する。この時、桂（木戸）の代理人として芸州藩（広島）で幕府の代表・勝海舟と休戦協定を結ぶ。１８６７年（慶応３）、長州を代表し、「討幕の蜜勅」を受け取る。

維新後の新政府のもとでは、参与、民部大輔、参議などの要職を歴任。１８６９年（明治２）、版籍奉還の実現に向け、桂（木戸）や大久保らと尽力する。しかし、１８７１年（明治４）、刺客に襲われ暗殺される。容疑者を逮捕するまでには至らず、犯人は不明のままとなった。実力的にも桂（木戸）と並び称されたものの、早すぎた死のため知名度が低い。（享年39歳）

6. 坪井九右衛門《つぼいくえもん》

〈清風の改革に尽力するも保守的〉

1800年（寛政12）、藩士・佐藤家に生まれたのち、幼くして坪井家の養子となる。その後藩政に携わると、村田清風の元で藩主・毛利敬親に建白書を提出し、清風の改革に尽力する。結果、財政の立て直しなど多くの改革を成し遂げ成功に導き、長州藩は雄藩として名を連ねる。

1844年（弘化元）、清風が商人に対する政策で挫折し失脚を余儀なくされると、清風の代わりに実権を掌握したが、改革ははかどらず失脚する。その後、清風の後継者となった周布政之助のもとで藩政に復帰するも、保守的な幕府恭順を支持したため、その姿勢を糾弾され、主導権を周布政之助に奪われ失脚する。1863年（文久3）流罪となり、野山獄にて処刑される。（享年64歳）

この坪井九右衛門の生まれた佐藤家は、岸信介（兄）、佐藤栄作（弟）元内閣総理大臣の実家である。

7. 長井雅楽《ながいうた》〈公武合体を推進し開国通商を説く〉

1819年（文政2）に生まれ、若くして藩主・毛利敬親の側近となり、1858年（安政5）には直目付となり、藩政の表舞台に立つ。

1861（文久元）、公武合体を推進し、開国通商を説いた「航海遠略策」が藩是となり、幕府・朝廷双方に支持される。しかし、尊王攘夷の改革派が勢いを増すと、長井は尊攘派から敵対されていった。特に安政の大獄で松陰を見捨てたと思った門下生達の怒りは激しかった。

桜田門外の変で大老・井伊直弼が暗殺されたのを機に公武合体派が弱まると、尊攘派より弾劾され失脚。1863年（文久3）、切腹の命が下る。（享年45歳）

8. 椋梨藤太《むくなしとうた》 〈保守(俗論派)の中核〉

1805年(文化2)に生まれる。藩校・明倫館で学問全般の用人を務める傍ら、藩の記録書の編纂に努める。その後、政務を担い、藩政の保守派の中核に座したが、改革の正義派(尊攘)との抗争で辞任。第一次長州征討後、俗論派の復権で藩政に復帰するが、高杉晋作の奇兵隊によるクーデターで失脚。岩国方面に逃亡していたが捕縛され、1865年(慶応元)、野山獄に投獄され斬首となる。(享年61歳)

9. 中川宇右衛門《なかがわうえもん》〈椋梨と同年で保守（俗論派）〉

1805年（文化2）に100石の大組士の家に生まれる。椋梨藤太とは同年生まれである。役職は主に藩の財政を預かっていた。椋梨と同様に俗論派の中心人物で、藩政の渦に巻き込まれ、登用と失脚の連続だった。

1865年（慶応元）、椋梨と同様野山獄に投獄され、切腹して果てる。（享年61歳）

10. 吉田《よしだ》松陰《しょういん》

〈松下村塾で若き志士を育てる〉

吉田松陰肖像（山口県立山口博物館蔵）

１８３０年（天保元）、藩の下級武士・杉百合之助の次男として生まれる。父・百合之助には他家へ養子となった吉田大助と玉木文之進の兄弟がいた。その吉田大助にも跡継ぎがなく、吉田家の養子となると大助が急死したため、６歳にして吉田家の家督を継ぐ。

その吉田家は代々藩の山鹿流兵学師範だったため、藩校明倫館の兵学師範となる運命だった。ちなみに山鹿流とは甲斐・武田氏の流れをくむ兵法である。

１８４０年（天保11）11歳の時、萩城大広間で藩主・毛利敬親の御前講義をみごとに行い、19歳で明倫館の兵学師範となる。

しかし、当時アヘン戦争で清国が西欧列強に大敗したことを知ると、日本の兵学の時代遅れに気づかされ、日本各地を遊学し、江戸の兵学者・佐久間象山に師事する。

その後、「安政の大獄」により、1859年（安政6）、30歳で処刑の身となる。

18畳の小さな松下村塾では多くの若き志士が育ち、維新へと動き出す始発点となった。

塾生は総勢90名ほどが確認されている。そのほとんどが10代後半から20代前半の青年である。身分関係なく出入り自由で、自らよき友人として真剣に語り合い、共に学び合った。

・「至誠にして動かざる者は未だこれあらざるなり」
（誠意を持って相手に接すれば必ず動き出すものだ）
・「親を思う心にまさる親心※」
（親を思う心、それ以上に親はあなたを思っているのです）
・知識や能力よりも何を成すかという志を立て努力せよ
・学問とは人間はいかに生きていくべきかを学ぶものだ
など、多くの名言があり、今も我々に人としての道を問いかけているように思われる。

※刑場直前の辞世の句「親思ふ心にまさる親心　けふの音づれ何ときくらん」より

11．高杉晋作《たかすぎしんさく》
〈松下村塾の四天王。改革の指導者〉

出典／国立国会図書館「近代日本人の肖像」
(https://www.ndl.go.jp/portrait)

１８３９年（天保10）、上級藩士・高杉小忠太の長男として萩城下に生まれる。藩校明倫館に学び、柳生新陰流免許皆伝の腕前である。のちに松下村塾に出入りし、村塾四天王と呼ばれる。

１８５９年（安政６）、21歳の時、安政の大獄で師・松陰を伝馬町獄で見舞い、世話をする。萩に呼び戻された後、師の刑死を知り倒幕を決意する。

幕府使節で長崎から中国・上海へ渡航し、列強による植民地支配の光景をみて帰国。藩の尊攘運動に加わり、江戸の同志らと英国公使館を焼き討ちする。

１８６３年（文久３）、藩の防衛を任され、奇兵隊を結成。八月十八日の政変後脱藩し、京に潜伏するが、桂（木戸）の説得で帰郷すると脱藩の罪で野山獄に投獄され、3ヶ月後に出所し謹慎処分となる。

この間に禁門の変（1864年7月）が起き盟友・久坂玄瑞が命を落とす。1ヶ月後四国艦隊に下関砲撃され、後処理として和議・交渉役を任され、重責を果たす。

1864年（元治元）12月、功山寺にて挙兵し、藩の実権を握る。

1866年（慶応2）、第二次長州征討・四境戦争が始まり、海軍総督として「丙寅丸」に乗船し、幕府艦隊を退け、小倉方面では艦砲射撃で奇兵隊を上陸させ、幕府軍を敗走させる。

この戦いの中、急速に体調を損ね、結核で喀血するとやむなく戦場を離れ、下関で療養。1867年（慶応3）4月、息を引き取る。

辞世の句は東行庵の句碑に刻まれている。

「おもしろきこともなき世におもしろく」（享年29歳）

12. 久坂玄瑞《くさかげんずい》

〈松下村塾の四天王。禁門の変で散る〉

久坂玄瑞肖像（山口県立山口博物館蔵）

1840年（天保11）藩医・久坂家の三男「秀三郎」として生まれる。14歳で母を失い、15歳で兄と父を失い、天涯孤独となる。この年、名前を玄瑞《げんずい》とし、久坂家を継ぎ医者となる。

師・松陰とは初め手紙のやり取りから始まり、1857年（安政4）、18歳で村塾の門下生となる。1歳年上の高杉晋作と共に成長して「塾の双璧」と称されるようになり、高杉、吉田稔麿、入江九一と合わせ「門下四天王」と呼ばれることになる。この年、松陰の妹（15）文《ふみ》と結婚する。

1858年（安政5）から大老・井伊直弼が安政の大獄を断行し、翌年、松陰が刑死すると、若き長州志士達の結束を図るため、桂（木戸）、高杉、伊藤、山県らと連携し、長州、薩摩、土佐、水戸の各藩の尊王攘夷派と同盟を模索しながら倒幕への動きを加速する。

1862年（文久2）12月に英国公使館焼き討ち、翌年になると下関で外国艦船砲撃を実行し、八月十八日の政変で長州藩が朝廷より一掃されても京に留まり、藩の復権に尽力する。

1864（文治元）6月、新選組が京の池田屋を襲撃し訃報が届くと、桂（木戸）や高杉の反対を押し切り、藩の三家老や来島又兵衛らと諸隊を連れ上京。その兵力は3000人を超える。

7月、ついに長州藩は実力行使を決意し、禁門の変が起きる。幕府方の総兵力は長州の10倍以上だったともいわれている。堺町御門で負傷し、塾生・寺島忠三郎と共に自刃し果てる。（享年25歳）

13. 寺島忠三郎《てらじまちゅうざぶろう》

〈門下生。禁門の変で久坂と共に散る〉

寺島忠三郎肖像（松陰神社蔵）

１８４３（天保14）、周防の旧熊毛郡高水村（現周南市高水原）に生まれ、生家は半士半農の暮らしで松陰の実家・杉家と同様だったようである。

１８５８年（安政５）、16歳で松下村塾門下生となる。

「安政の大獄」で江戸送りとなった松陰を慕い、生まれ故郷の高水村まで護送籠に追従したという。その後、１８６２年（文久２）に脱藩すると、京で久坂玄瑞らの尊王攘夷運動に加わり、江戸に出ると、門下生を中心とした「御楯組」を結成する。俗論派の長井雅楽暗殺計画や、同年12月高杉・久坂・伊藤らと共に品川御殿山に建設中だった英国公使館の焼き討ちに加わる。

１８６３年（文久３）には京で桂小五郎（木

戸）らと共に調停工作を行い、長州藩が失脚した八月十八日の政変後も京で藩の勢力挽回を狙って情報集めに関わっていた。

１８６４年（元治元）６月、新選組が池田屋を襲撃し松陰の親友・宮部鼎三と吉田稔麿らが死亡。これを機に藩の強硬派と三家老も京へ向かった。禁門の変で会津・薩摩の幕府軍に敗れ、久坂と共に自刃し果てる。（享年22歳）

14.入江《いりえ》九一《くいち》（別名・河島小太郎）〈松下村塾の四天王。禁門の変で散る〉

1837年（天保8）、藩の足軽・入江嘉伝次の長男として生まれる。弟に野村靖（和作）がいる。妹には伊藤博文の最初の妻・すみ子がいる。

1856年（安政3）、父の死去で家督を継ぐ。

1857年（安政4）、先に村塾に入塾したのは弟の和作だった。九一は家計を支えるため藩の下役に就いて働き、村塾に入塾したのは22歳の時だった。入塾してまもなく松陰が再投獄されたため、学んだのは1ヶ月余りだった。しかし、松陰はその「才能」と「忠義心」を高く評価し、松門四天王の一人としたほどだった。

松陰が老中・間部詮勝の暗殺計画をした時、門下生達は一同に反対したが、入江兄弟は賛成した。こうした行動を藩が察して兄弟共に岩倉獄（庶民を収容する下牢）に投獄の身となった。このため入江家は生活が苦しくなると、獄中で内職し、家計を助けたという。

1860年（万延元）釈放され、1863年（文久3）、吉田稔麿らと共に足軽から正式な武士の身分になるが、無給武士扱いのため、家計は苦しいままだった。同年、久坂玄瑞率いる隊の一員として外国船砲撃に参加し、高杉晋作の奇兵隊創設の参謀となる。

1864年（元治元）、禁門の変で久坂の浪人隊の一員として御所攻撃に参加したが、越前兵の槍を受け死亡。（享年・28歳）

15. 吉田稔麿《よしだとしまろ》〈松下村塾の四天王。池田屋事件で散る〉

１８４１年（天保12）、萩藩足軽の吉田清内の嫡子。幼名は栄太郎。生家は松陰の生家の近くで久保五郎左衛門時代からの塾生である。

13歳の時、参勤交代で江戸に随行し、この時ペリー艦隊の騒ぎを見聞している。

16歳の時、松陰が禁固で実家に戻っていた時、改めて松下村塾に入門する。

性格は無口で素直、勤勉で強い志を持つ若者だった。松陰も才気鋭敏として高く評価し、後継者にしようとさえ思っていたという。

師の死後は攘夷運動に奔走し、活躍が目覚ましく、１８６０年（万延元）藩を脱藩し江戸に出る。旗本の使用人となり、いずれ幕府の中に入り内側から政治を動かそうと画策するが、１８６２年（文久２）、脱藩の罪を許されると、高杉晋作の奇兵隊に入り、久坂玄瑞とも連動する。

23歳で奇兵隊と幕府との重要な調停役を任されるまでになり、準士御用取立てという正規の武士となる。この時名を「稔麿」に改名。

1864年（元治元）、自ら身分の低い者を集め「維新団」を結成し、時の流れに飛び込んで行こうとした。その矢先6月、新選組による池田屋事件に巻き込まれる。池田屋から脱出するとすぐ近くの長州藩邸に駆け込み、騒動の報告を済ませる。しかし、再び池田屋に戻ろうとしたところ、新選組と出くわし、激しい斬り合いの末、命を落とす。

高杉晋作、久坂玄瑞に次ぐ松陰門下の四天王のひとりであった。

「結びてもまた結びても黒髪の乱れ染めにし世をいかにせむ」―再び池田屋に戻る際、長州藩邸に書き残した辞世の句とされている。（享年24歳）

16. 桂小五郎《かつらこごろう》(木戸孝允《きどたかよし》)

〈薩長同盟を結んだ維新への指導者〉

木戸孝允写真　1869年4月
(山口県立山口博物館蔵)

1833年(天保4)、藩医・和田昌景の次男として生まれる。

1840年(天保11)、大組士(重臣)・桂九郎兵衛の養子となるが、翌年養母死亡のため和田家に戻る。

10代の時、藩主・毛利敬親の御前で発表し注目され、1849年(嘉永2)、藩校・明倫館に入り、3歳年上で教鞭をとっていた松陰に学ぶ。

村塾には入門しなかったものの、松陰と親交を深めていく。ペリー艦隊の来航の時、江戸留学をしていたため、当時、最先端の砲術・造船学を学びながら他藩の反幕志士と活動を共にする。帰郷後、久坂玄瑞、高杉晋作らと藩論を統一する。

寺田屋事件、八月十八日の政変を経て、藩の勢力は大きく減退するが、京に留まり、藩の信頼回復に努力する。1864年（元治元）、池田屋事件では運よく難を逃れ、藩の過激派の軽挙妄動を抑えようとするが果たせず、禁門の変が起こり、久坂玄瑞らが自刃して果てる。

追捕をさけて、三条大橋の下に身を隠すと、芸奴の磯松が桂（木戸）に握り飯を運んだという逸話がある（この磯松とは維新後結婚している）。

1865年（慶応元）、クーデターにより藩の実権を握った高杉らの要請で藩に戻ると、政務首座となり、薩長同盟を締結。新政府では太政官として五箇条の御誓文起草はじめ、近代国家の礎に貢献。1871年（明治4）、岩倉使節団に加わり、帰国後、征韓論で西郷らと対立し、内政優先を主張。その後、大久保の政治手法に合わず、病気を理由に政府を去る。西南戦争の最中、1877年（明治10）、病死。（享年45歳）

17. 井上馨《いのうえかおる》（聞多《もんた》）〈伊藤・山県と共に明治の三元老〉

井上馨写真　慶応年間（1865〜68）（山口県立山口博物館蔵）

1835年（天保6）、周防国吉城郡湯田村（現・湯田温泉）に藩士、井上光亨の次男として生まれる。1851年（嘉永4）、兄の光遠と共に藩校・明倫館で学ぶ。松下村塾の塾生ではない。

1855年（安政2）、一時、志道《しじ》家の養子となる。両家とも毛利元就以前から毛利氏に仕えた名家の流れである。同年10月、藩主毛利敬親の江戸参勤の江戸で終生の同志となる伊藤博文と出会う。その後も毛利定広（のちの元徳）の小姓役で江戸へ再下向している。

1862年（文久2）、高杉晋作らが決行した英国公使館の焼き討ちに加わると、急進的な尊王攘夷へと動く。しかし、1863年（文久3）、長州ファイブで英国に密航し、西洋文化に触れ、開国論に変わる。

翌年、馬関戦争前に藩の窮地を知り、伊藤博文と共に急ぎ帰国し、和平交渉に尽力する。第一次長州征討で武備恭順を主張すると、俗論派に襲われ瀕死の重傷を負うが、一命を取り留め高杉の功山寺挙兵に決起。

戊辰戦争では長崎の九州鎮撫総督の参謀を務め、長崎製鉄所の御用掛になると、維新後は実業界と密接な関係を深めた。財政・外交面を中心に活動し、政府の外務卿・外務大臣時代には、不平等条約の撤廃を目指して「鹿鳴館外交」を展開。伊藤博文、山県有朋と共に明治の三元老の一人として政界に君臨した。１９１５年（大正４）死去。（享年81歳）

18・大村益次郎《おおむらますじろう》

〈日本軍建設の基礎づくりを果す〉

出典／国立国会図書館「近代日本人の肖像」
(https://www.ndl.go.jp/portrait)

１８２４年（文政7）、通称村田蔵六は藩領の医者・村田孝益の長男に生まれる。１８４２年（天保13）、18歳の時シーボルトの弟子・梅田幽斉にあこがれ、１８４６年（弘化3）、23歳で大坂・緒方洪庵の適塾で学び、長州に帰郷後は医者として身を立てていた。

兵学、蘭学、軍事教育にすぐれていたため、ペリー来航以来、危機感を感じていた四国の宇和島藩から講武所の教授に抜擢される。宇和島藩主に従って赴いた江戸で、幕府の講武所の教授に。そこで桂小五郎（木戸）と出会い、１８６０年（万延元）長州藩士となり、１８６３年（文久3）長州に帰郷し、藩校明倫館で講義するかたわら西洋式軍事指導を行う。

またその語学力を買われ、馬関戦争の戦後処理では、外国人の応接掛にされた。

西洋式兵制を採用した高杉晋作の奇兵隊では、その指導を担当。この時、藩命により「大村益次郎」と改名する。

以後、明倫館で兵学を教え、桂小五郎の元で倒幕へ向け、身分差を越えた近代的実戦部隊の指導を進める。

鳥羽・伏見の戦いで活躍。討伐軍を指揮して、上野寛永寺の彰義隊をわずか一日で鎮圧し、世間に広く名を知られることとなる。

さらに新政府の幹部になると、国民皆兵の兵制で日本軍建設の基礎づくりを急務としたが、意見の対立があり、桂（木戸）の勧めで兵部大輔（後の陸海軍次官）に就任する。その後、実戦力を生かし、山田顕義を補佐役にして近代日本の軍制を建設していく。

１８６９年（明治２）９月、関西での軍事施設視察中の旅館で襲われ、11月死亡。（享年46歳）

日本軍建設は山県有朋が受け継ぎ、１８７３年（明治６）、国民皆兵の徴兵令が制定される。

19. 伊藤博文《いとうひろぶみ》
〈初代内閣総理大臣で帝国憲法制定〉

伊藤博文写真　慶応2年（1866）4月頃
（山口県立山口博物館蔵）

1841年（天保12）、周防束荷《つかり》村の農民、林十蔵の子に生まれる。父が長州藩・伊藤直右衛門の養子となったため、姓を伊藤にした。1856年（安政3）、幕府の命で長州の警備担当として相模に父と共に派遣された折、桂小五郎や松陰と深い親交を持っていた来原《くりはら》良蔵と出会う。

1857年（安政4）9月、17歳で村塾に入門する。この頃塾は門下生が急増し、小さな小屋を改修し学舎としていたが、塾生達は外で立って講義を聞くほどだった。

松陰は伊藤について「他より才能や学問は劣るが、素直な性格は好感が持て、将来は政治家に向いている」と評価している。1863年（文久3）、井上馨らと共に長州ファイブとして英国に留学していることを思えば、決して才能や学問が劣っているとは思えない。

留学中に四国艦隊の長州攻撃の計画を知ると、井上と2人帰国し、馬関戦争の戦後処理では講和代表の高杉の通訳として、和平交渉にあたる。さらに高杉の藩内クーデターでは共に立ち上がり、明治維新の原動力の一員となり、維新後は政府の要職を歴任。

天皇の勅命で憲法制定の整備に力を注ぎ、1885年（明治18）、初代内閣総理大臣に就任。1889年（明治22）、大日本帝国憲法を制定し、その後3度も総理大臣に就任する。しかし、1909年（明治42）10月26日、韓国ハルピン駅で安重根に射殺される。（享年69歳）

20. 山田顕義《やまだあきよし》

〈最年少の門下生。法典伯〉

出典／国立国会図書館「近代日本人の肖像」
(https://www.ndl.go.jp/portrait)

1844年（弘化元）、藩の海軍頭・山田顕行の長男として生まれる。山田家は藩譜代の大組士（重臣）で、天保期、藩の財政を改革した村田清風が大伯父にいる。また、兵学者として松陰に講義した山田亦介《またすけ》も伯父である。

1857年（安政4）、門下生の最年少（14歳）として村塾に入る。松陰の死後、高杉晋作、久坂玄瑞らと共に尊攘運動に加わり、御楯組の血判書に署名。御楯隊を創立し、馬関戦争に従軍。高杉晋作のクーデターに参加すると、大村益次郎に西洋兵学を学び、第二次長州征討の芸州口の戦いでは、御楯隊を率いて幕府軍を撃破する。

鳥羽・伏見の戦い以後、新政府軍の参謀となり、箱館戦争では陸・海軍の参謀として勝利する。

明治維新後は、工部・内務・司法それぞれの卿を経て法相を歴任し、各種法典の制定に尽力すると、後に「法典伯」と称された。国内外の法を研究し学ぶ日本法律学校（日本大学の前身）の創設にも関与し、学祖として位置づけられている。1891年（明治24）、病気を理由に司法大臣を辞任。翌1892年（明治25）、生野銀山の視察中に転落し、死亡。（享年49歳）

21. 山県有朋《やまがたありとも》

〈奇兵隊・軍監職から実力を発揮する〉

山縣有朋写真　慶応3年（1866）5月18日
（山口県立山口博物館蔵）

1838年（天保9）、萩城下の川島村で、正規の武士として認められていない中間《ちゅうげん》という武家の最下級山県有稔の長男として生まれる。

1858年（安政5）、動揺が深まりつつあった京の情報を得るために、諜報員6人の中に選ばれる。そのうち4人が松下村塾の門下生だったが、この時はまだ塾に入門していなかった。

京での滞在は長くはなかったものの、久坂玄瑞や伊藤俊輔（博文）らとの交流で尊王攘夷派に感化され、藩に帰郷後、村塾に入門する。

しかし、その3ヶ月後、松陰が野山獄に投獄される。入塾期は短かったが、塾での影響は多大なものだったと後に述べている。

1863年（文久3）、高杉晋作の奇兵隊創設に参加。藩の正規軍と奇兵隊が衝突し、高杉晋作が奇兵隊を去ると、軍監の職が与えられ、ここから実力を発揮していく。

１８６４年（元治元）、高杉晋作が功山寺で決起したが、まず形勢を見届けた後に隊を動かし、少し遅れて高杉に合流。

１８６６年（慶応２）１月、薩長同盟が成立し、第二次長州征討では小倉城攻撃で主力を担う。戊辰戦争を経て、１８６９年（明治２）に西郷従道と共に欧州の軍制を視察し、西洋式軍制の近代化を推し進め、「日本陸軍の父」と呼ばれる。１８８９年（明治22）第１次、１８９８年（明治31）、第２次内閣を組織し、日清・日露戦争では軍の指揮をとる。大正期に入ると、政治の世界から身を引き、１９２２年（大正11）死去。（享年85歳）

22. 品川《しながわ》弥《や》二《じ》郎《ろう》

〈松下村塾前から入門。維新後も活躍〉

出典／国立国会図書館「近代日本人の肖像」
(https://www.ndl.go.jp/portrait)

1843年（天保14）、萩・松本村の足軽・品川弥市右衛門の長男として生まれる。

1857年（安政4）、松陰が主宰する前から松下村塾に入門。松陰の評価は「温厚正直」であったという。ただ激情家でもあった。

松陰の死後、高杉をはじめ門下生達と尊攘運動に尽力する。寺田屋事件、英国公使館焼き討ちの際にも意を共にし、1864年（元治元）の禁門の変では、八幡隊の隊長として戦い敗北。この時久坂玄瑞が自害。その後、太田市之進を総督とした御楯隊を山田顕義らと共に組織し、高杉の起こしたクーデターに合流。

1865年（慶応元）、桂小五郎に従い上京し、薩長同盟の成立に尽力する。成立後も薩摩藩邸で雑務にあたる。

1867年（慶応3）、岩倉具視から錦旗を託され、藩に討幕の密勅を届ける。戊辰戦争では参謀として、箱館戦争まで戦い続け、維新後1870年（明治3）、ドイツ、フランスに6年間留学し、第一次産業の育成振興に努め、農商務大輔などを歴任。1900年（明治33）、流行性感冒に肺炎を併発し死亡。（享年58歳）

これは逸話であるが、戊辰戦争の折、新政府軍が歌ったといわれる「トコトンヤレ節」（宮さん宮さんお馬の前でひらひらするのはなんじゃいな　トコトンヤレトンヤレナ）、作詞は品川弥二郎で作曲は大村益次郎という説があるが、その確証はない。しかし、これが事実上日本初の近代軍歌で行進曲といわれている。

23・前原一誠《まえばらいっせい》
〈松下村塾の年長組。萩の乱で散る〉

前原一誠写真（山口県立山口博物館蔵）

1834年（天保5）、藩・大組士（重臣）佐世彦七の長男に生まれる。1857年（安政4）、村塾では年長組・24歳で入塾し、高杉晋作からは兄のように慕われたという。そのせいもあってか、「勇あり、智あり、誠あり」と松陰の評価は高かった。

1859年（安政6）、長崎で英語を学び、藩に戻ると西洋学問所・博習堂で学んでいる。

1863年（文久3）八月十八日の政変後、都落ちした七卿の御用掛となっている。1864年（元治元）、馬関戦争後に藩が正義派と俗論派に二分すると、藩主の側近として迷っていたが、高杉晋作のクーデターで迷いは消え、すばやく駆け付け共に行動している。

1866年（慶応2）、第二次長州征討で肺を患った高杉晋作にかわり活躍する。戊辰戦争から維新を経て、1869年（明治2）越後府判事となり、固辞するも意に反し、参議をさせられる。大村益次郎の死により兵部大輔となるが、急速な改革を推し進めようとする政府に合わず、1870年（明治3）、辞任して萩へ帰郷。

その後、九州で反政府士族の乱がおきると、山口にも飛び火し、1876年（明治9）、不平士族に担ぎ上げられて萩の乱を起こし、斬首となる。（享年43歳）

24. 太田《おおた》市之進《いちのしん》（後に御堀耕助《みほりこうすけ》）

〈改革派と志を共にする。従弟に乃木希典〉

「松陰先生改装之日写真」（1869年の吉田松陰慰霊祭で撮影された集合写真）より、御堀耕助とされる人物をピックアップ。（山口県文書館蔵）

1841年（天保12）、藩士・太田要蔵の長男として萩に生まれる。青年期に藩主・毛利敬親の嫡子・定広の小姓を務める。

1863年（文久3）5月の馬関海峡で米仏船砲撃をまのあたりにして列強の強さを知り、1864年（元治元）7月の禁門の変に参戦する。帰藩し、四国連合艦隊との戦闘に御楯隊を組織し総督となる。

12月、高杉の起こしたクーデターに参加し、御楯隊を率いて俗論党と戦う。

1865年（慶応元）、太田市之進から御堀耕助に名を改め、1866年（慶応2）の第二次長州征討にも御楯隊を指揮し、芸州口で戦う。

1867年（慶応3）、薩摩の小松帯刀・西

郷隆盛・大久保利通らと倒幕の計画を密談する。

戊辰戦争で活躍後、1869年（明治2）、山県有朋・西郷従道と共に欧州視察に向かい、途中病気のため香港から帰国するも総領事に任命され、パリで山県・西郷らと合流。

帰国すると病状が悪化し、山口三田尻に里帰りし、病床を見舞った従弟の乃木希典を黒田清隆に紹介。後に乃木は陸軍で活躍することになる。

1871年（明治4）6月死去（享年31歳）。

25. 桂《かつら》 太郎《たろう》

〈木戸孝允は遠縁。天皇勅命により内閣組閣〉

出典／国立国会図書館「近代日本人の肖像」(https://www.ndl.go.jp/portrait)

1847年（弘化4）、毛利家重臣・桂与一右衛門の長男として萩に生まれる。桂小五郎（木戸孝允）とは遠縁にあたり、小五郎の14歳年下である。

1860年（万延元）、14歳の時、藩士部隊・選鋒隊に編入。この年の3月、大老・井伊直弼の暗殺があった。

1864年（元治元）、18歳で次期藩主・毛利元徳《もとのり》の世話係（小姓）となり、第二次長州征討に参戦。1868年（慶応4）、22歳の時、戊辰戦争で庄内藩、仙台藩などに転戦する。

1870〜73年ドイツ帝国に留学。

1878年（明治11）帰国し、山県有朋の元で参謀本部設置に尽力し、軍政に携わっていく。

1884年（明治17）、大山巌陸軍卿に随行し、ヨーロッパ各国の兵制を視察し帰国。日清戦争では陸軍第3師団長として従軍。

1896年（明治29）台湾総督を務め、1898年（明治31）陸軍大臣となる。しかし1900年（明治33）、心労により政界から距離を置き、現在の拓殖大学を創設し、初代校長となる。

1901年（明治34）、55歳の時に明治天皇より勅命が下り、第1次桂内閣～日露戦争～第2次桂内閣～第3次桂内閣を組閣したが、藩閥政治への反感により、護憲運動が起こり、1913（大正2）2月、総辞職となる。この年の10月10日、東京港区三田の自宅にて病没する。（享年67歳）

26．楫取素彦《かとりもとひこ》

〈群馬県初代県知事。松陰の妹2人を妻に〉

（群馬県立歴史博物館蔵）

1829年（文政12）、藩医・松島瑞蟠《ずいばん》の次男として萩城下に生まれる。12歳の時小田村吉平の養子となり、1844年（弘化元）藩校・明倫館に入る。19歳で家督を相続。明倫館の助講となる。

1850年（嘉永3）、22歳で江戸藩邸勤めとなった時、1歳年下の松陰と出会う。1853年（嘉永6）帰郷し、松陰の妹・寿《ひさ》と結婚。松下村塾を側面から支える。1858年（安政5）、松陰が投獄されると塾の指導を行う。しかし、藩主の要望で重職を与えられると、塾へは行けなくなった。

1864年（元治元）、禁門の変で敗北すると、野山獄に投獄される。しかし、高杉晋作のクーデターで尊攘派が復権すると、釈放され、再び藩主の側近となる。

1866（慶応2）、第二次長州征討でも藩の中枢となり活動する。

明治政権の初頭、山口で藩政を取り仕切っていたが、廃藩置県で藩は消滅。しかし、新政府はその有能な行政力を活用しようと、1876年（明治9）、熊谷県（現・群馬県）初代県令（知事）を依頼。養蚕・製糸業や教育振興を行い、県のみならず、国の発展に大きく寄与する。

1881年（明治14）、妻・寿が病死する。松陰の母の勧めもあり、2年後に久坂玄瑞の未亡人となっていた松陰の妹・美和子（文《ふみ》から改名）と再婚。松陰の妹2人を妻にしたことになる。

1884年（明治17）からは国政にも参画。1912年（大正元）、官職を退官し、84歳で死亡。

27. 乃木希典《のぎまれすけ》

〈虚弱な少年が日露戦争で日本を救う〉

出典／国立国会図書館「近代日本人の肖像」
(https://www.ndl.go.jp/portrait)

1849年（嘉永2）、長府藩藩士・乃木希次の三男として江戸上屋敷で生まれる。1858年（安政5）、父と共に藩命で帰郷する。虚弱な体質で、妹にもよく泣かされていたという。

1864年（元治元）、16歳の時家出し、学者を志し、親戚にあたる玉木文之進への弟子入りを願う。一旦は断られたものの、農作業を手伝いながら藩校・明倫館に通い、剣術にも熱を入れた。そもそも学者志望で松陰に憧れていたという。

1866年（慶応2）、第二次長州征討の時、長府藩報国隊に属し、小倉口で戦い、山県有朋の指揮下で武功をたてる。しかし、戊辰戦争には足を挫き、出陣の許可が出なかった。従兄弟の報国隊隊長・御堀耕助（太田市之進）が希典に学者か軍人かの意志の明確を求め、軍人の道を選ぶ。

１８７１年（明治4）陸軍少佐、１８８６年（明治19）ドイツに留学して戦術を学ぶ。１８９４年（明治27）日清戦争は旅団長、１９０４年（明治37）日露戦争では大将として苦難の末に旅順を占領。しかし、この戦闘で長男、次男を失い、悲劇の大将として国民から尊まれる。

明治天皇の信任が厚く、１９０７年（明治40）、学習院院長に任じられ、昭和天皇の教育係を務める。

１９１２（大正元）、明治天皇の大喪の礼の日、妻と共に自刃して果てる。（享年64歳）

登場する主な人物の生没年

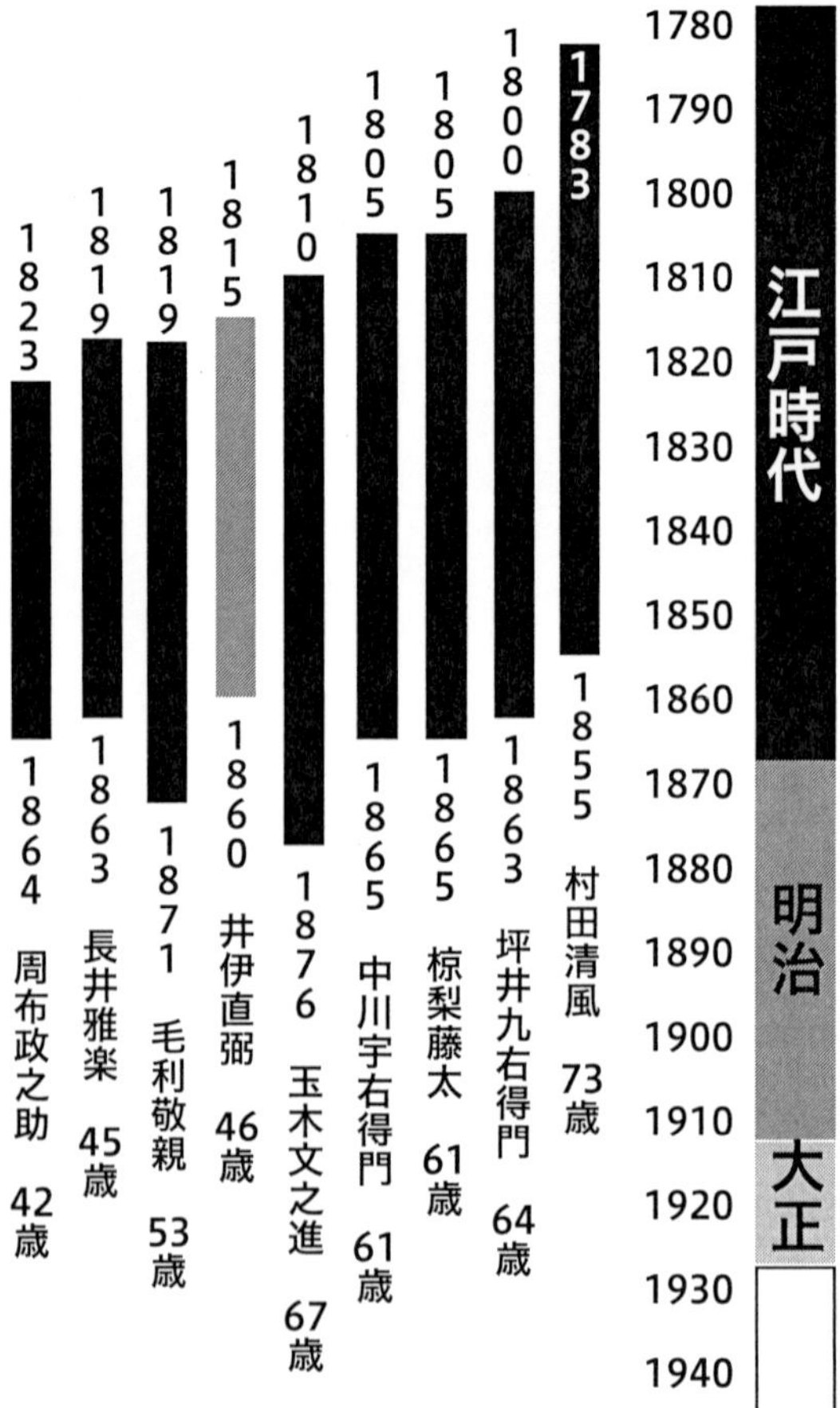

※ ▬ は他藩の人物

年齢は享年（数え年）。

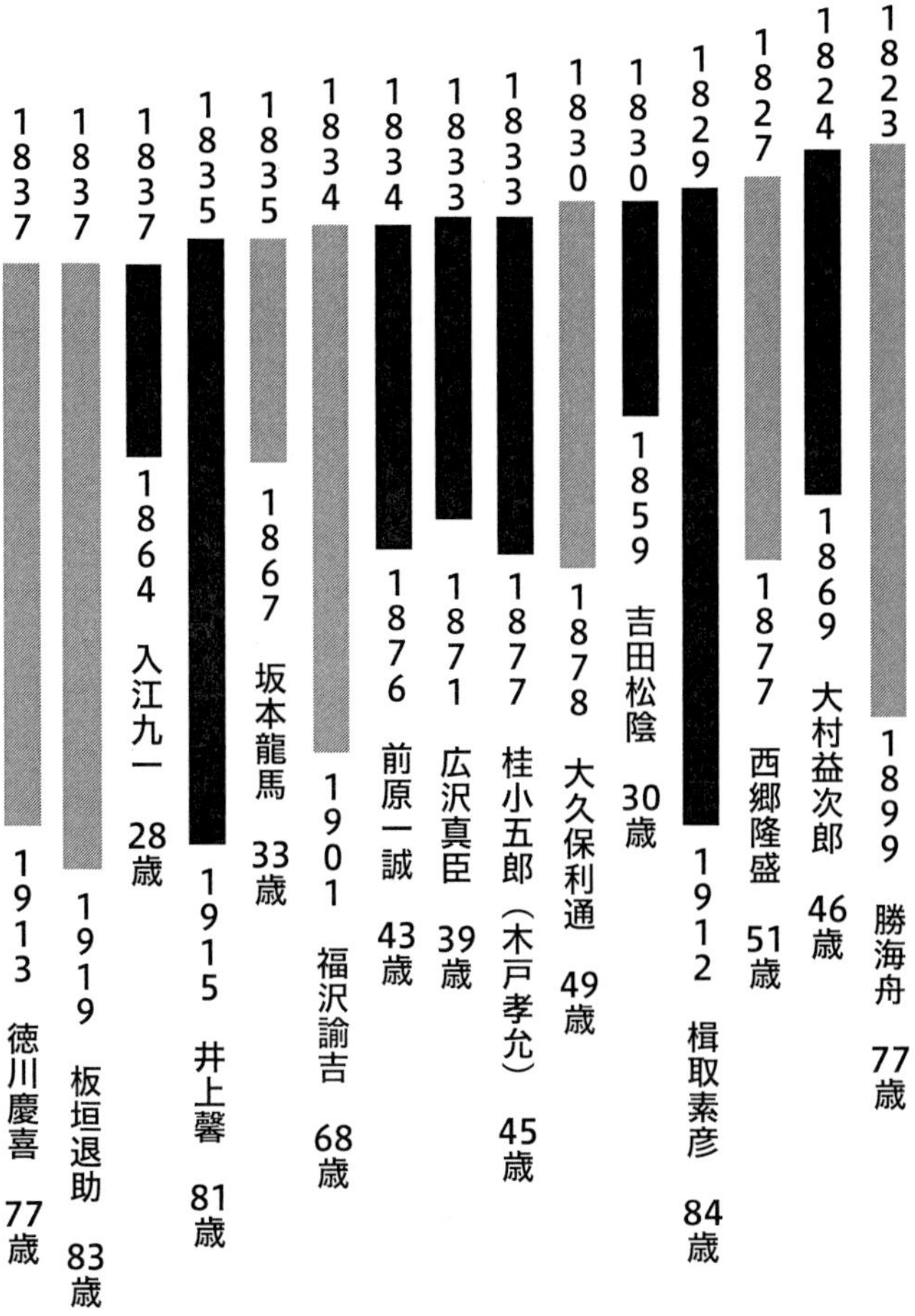
1823
1899
勝海舟
77歳
1824
1869
大村益次郎
46歳
1827
1877
西郷隆盛
51歳
1829
1912
楫取素彦
84歳
1830
1859
吉田松陰
30歳
1830
1878
大久保利通
49歳
1833
1877
桂小五郎（木戸孝允）
45歳
1833
1871
広沢真臣
39歳
1834
1876
前原一誠
43歳
1834
1901
福沢諭吉
68歳
1835
1867
坂本龍馬
33歳
1835
1915
井上馨
81歳
1837
1864
入江九一
28歳
1837
1919
板垣退助
83歳
1837
1913
徳川慶喜
77歳

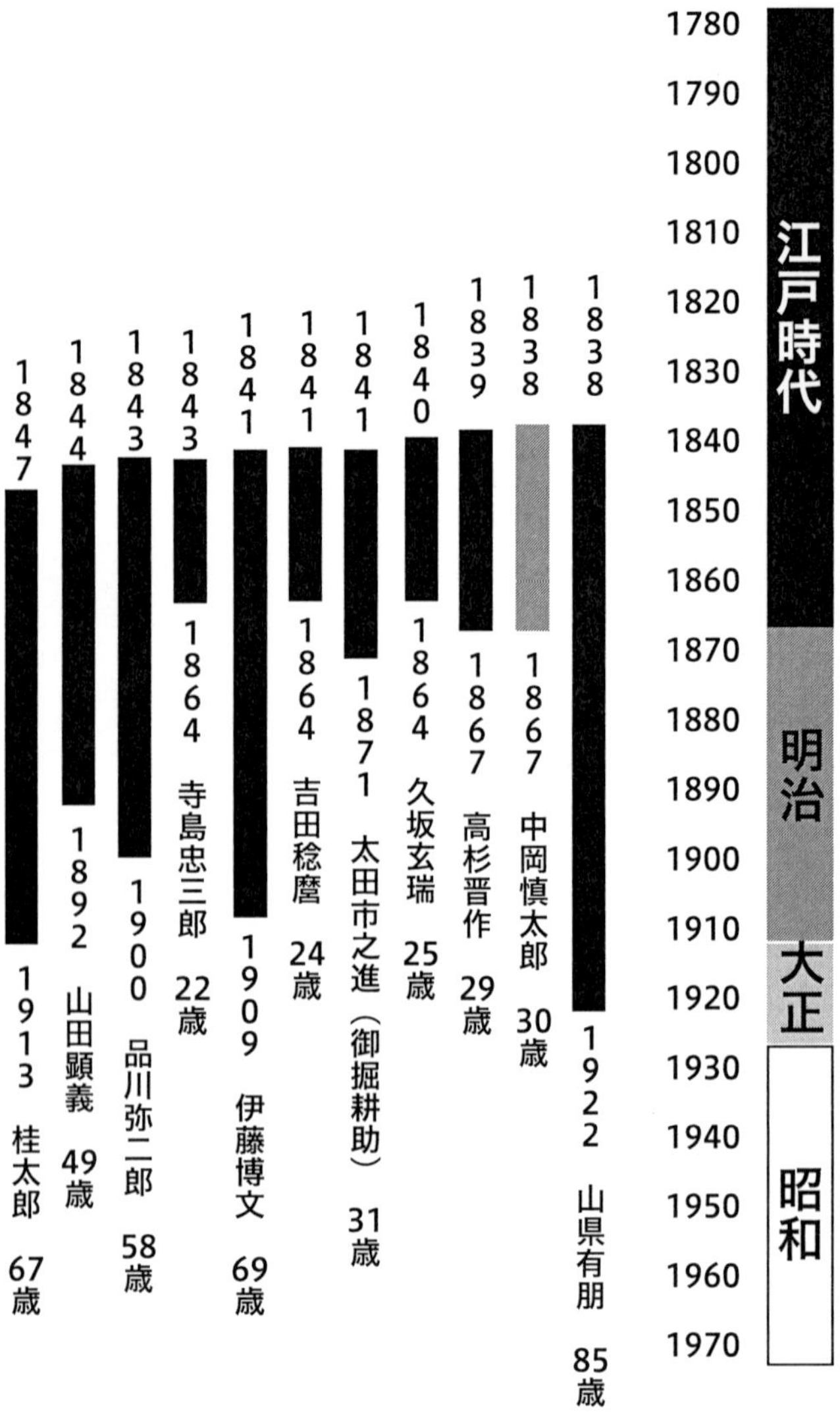
江戸時代
明治
大正
昭和
1780
1790
1800
1810
1820
1830
1840
1850
1860
1870
1880
1890
1900
1910
1920
1930
1940
1950
1960
1970
1838 1922 山県有朋 85歳
1838 1867 中岡慎太郎 30歳
1839 1867 高杉晋作 29歳
1840 1864 久坂玄瑞 25歳
1841 1871 太田市之進（御掘耕助） 31歳
1841 1864 吉田稔麿 24歳
1841 1909 伊藤博文 69歳
1843 1864 寺島忠三郎 22歳
1843 1900 品川弥二郎 58歳
1844 1892 山田顕義 49歳
1847 1913 桂太郎 67歳

1849—1912

乃木希典

64歳

幕末の主な出来事

西暦	和暦	月	出来事
1853	嘉永6	6	米国ペリー艦隊、浦賀に来航
1854	安政元	1	ペリー艦隊再来航
		3	吉田松陰、金子重輔捕縛される
		4	松陰、江戸・伝馬町牢屋敷へ
		10	松陰、萩の野山獄へ
1855	安政2	5	村田清風死去
		9	藩、西洋学所開設
1856	安政3	7	米国外交官ハリス来航。下田に領事館を構える
1857	安政4	10	ハリス、将軍家茂と会見
		11	松陰が主宰する松下村塾発足
1858	安政5	4	大老・井伊直弼就任
		6	日米修好通商条約締結

		9	安政の大獄が始まる
		12	松陰、再度野山獄へ
1859	安政6	7	松陰、再度江戸・伝馬町牢屋敷へ
		10	松陰、死罪により処刑
1860	万延元	3	井伊直弼暗殺（桜田門外の変）
		12	アメリカ公使館通訳ヒュースケンを薩摩藩士が斬殺
1862	文久2	2	和宮、徳川家に降嫁
		4	高杉晋作、上海へ渡航（〜7月）
		8	生麦事件起こる
		12	長州藩士、英国公使館襲撃
1863	文久3	5	馬関海峡で外国船を砲撃。長州5人、英国密航留学
		6	高杉、奇兵隊を編制
		7	藩庁を萩から山口へ移すことが決定
		8	八月十八日の政変
1864	元治元	6	池田屋事件
		7	禁門の変。久坂ら戦死。第一次長州征討

西暦	和暦	月	出来事
1864	元治元	8	四国連合艦隊が下関攻撃（馬関戦争）。降伏する
		10	保守派の台頭で奇兵隊ら諸隊に解散命令下る
		12	高杉、功山寺挙兵
1865	慶応元	2	高杉ら改革派が勝利し、倒幕へと藩内一致する
1866	慶応2	1	薩長同盟の成立
		6	幕府の第二次長州征討。幕府軍の惨敗となる
		7	14代将軍、家茂死去
		12	徳川慶喜が15代将軍に就任。孝明天皇崩御
1867	慶応3	4	高杉晋作病死
		10	大政奉還
		12	王政復古の大号令
1868	慶応4	1	鳥羽・伏見の戦いで戊辰戦争開始
		4	江戸城無血開城
	明治元	7	「江戸」を「東京」に改称
		9	「明治」に年号を改元する

1869	明治2	3	明治天皇が東京へ（東京遷都）
		5	箱館戦争を終え、戊辰戦争終結
1871	明治4	7	廃藩置県
		11	岩倉具視ら米欧派遣
1872	明治5	12	2日旧暦廃止。翌日が新暦1873年1月1日に
1873	明治6	10	征韓論敗れ西郷ら下野
1874	明治7	2	佐賀の乱
1876	明治9	10	秋月の乱。萩の乱
1877	明治10	2	西南戦争（～9月）

あとがき

維新の種を蒔き、芽を出させた松陰先生の指導者としての志は「孟子」の一節「至誠にして動かざる者は未だこれ有らざるなり」（誠を尽くせばどんな人でも心を動かされない人はいない）という生き方であり、その指導は相手をよく見て知り、自分を相手と同じ目線に置き、しかも分け隔てなく、相手のよい所を伸ばす方法であった。その教えの基本は、人間の尊厳に始まり、問題点をみつけ、それにどう対応するのかを決め実行する。

今日の日本を支える人々や若者を育てていく教えがここにあると思うのです。

最終に松陰先生のことばです。

［夢なき者に理想なし。理想なき者に計画なし。計画なき者に実行なし。実行なき者に成功なし。故に夢なき者に成功なし］

◆著者紹介

大澤健次（おおさわ けんじ）

「奇跡の塾」（大澤塾）塾長。指導歴45年以上。１９７１年（昭和46）大学3年時（20歳）東京でオール１の小学6年生の子を半年でオール４にすると、親子合わせ１００名あまりが下宿先に列をなす。その後就職するも、親の願いで帰郷する。郷土のためにと夜は学習塾をし、父兄にできるだけ負担をかけないようにと昼は起業し、できるだけ安価な月謝で送迎まで行っている。笑い喜び合う楽しい塾を目指し45年。現在「塾」と「経営」の傍ら東北や関東で「人生教育セミナー」の講演も。「オンライン塾」ＺＯＯＭでは「塾長対談」を月2回発信中。「幸せになるために学び」「社会でいかに貢献し生き抜いていくのか」を共感し合いながら明るく楽しく活動している。現在71歳の現役。「実行なき者に成功なし」の教えを広めている。

【参考資料】

詳説日本史（山川出版社）
別冊歴史読本「動乱の長州と人物群像」（新人物往来社）
歴史クローズアップ「徳川慶喜」（世界文化社）
月刊「高杉晋作」（ザメディアジョン）
図解「日本史」（成美堂出版）
歴史人「幕末維新の暗殺史」（ＫＫベストセラーズ）
あなたの知らない「山口県の歴史」（洋泉社）
吉田松陰と長州の志士たち（ぴあＭＯＯＫ）
新詳日本史図説（浜島書店）
松下村塾と幕末動乱（双葉社）
幕末長州の風雲児たち（株インターナショナル・ラグジュアリーメディア）
二十一回猛士（吉田松陰）（ザメディアジョン）
徳川将軍家十五代（メディアックス）

山口県の歴史（小川国治編・山川出版社）

幕末動乱　長州のゆくえ～その時の流れ～

2023年4月30日　　第1刷発行
2023年7月5日　　第2刷発行

著　者　大澤健次

発行者　弘中百合子

装　幀　Malpu Design(清水良洋)

発　行　株式会社ロゼッタストーン
山口県周南市八代828-7（〒745-0501）
電話　0833-57-5254　FAX　0833-57-4791
E-mail　staff@rosetta.jp
URL　http://www.rosetta.jp

印刷所　日精ピーアール

万一落丁、乱丁があれば、当方送料負担で、お取り替えいたします。
小社までお送りください。

ISBN978-4-947767-30-1　C0021